* s

① clous / [illegible]

② bleuets + exaggeration

– vraisemblance?

. ça peut arrivé partout?

LES GRANDES CHALEURS

La publication de cet ouvrage a été rendue possible grâce à une subvention du Conseil des arts du Canada.

Couverture : illustration de André Desjardins.

ISBN 2-7609-0343-5

1124, rue Marie-Anne Est, Montréal (Qc) H2J 2B7
Dépôt légal — Bibliothèque nationale du Québec, 2e trimestre 1993

Mise en pages : Mégatexte

Imprimé au Canada

Michel Marc Bouchard

LES GRANDES CHALEURS

comédie

LEMÉAC

MICHEL MARC BOUCHARD

Né en 1958 au Lac Saint-Jean, Michel Marc Bouchard fait ses études en tourisme à Matane et termine un baccalauréat en théâtre à l'Université d'Ottawa.

Comédien, metteur en scène, professeur, boursier du Conseil des arts de l'Ontario, du Conseil des arts du Canada, du ministère des Affaires culturelles du Québec et de la fondation Beaumarchais. Ses œuvres sont traduites en italien, espagnol, anglais, bulgare, allemand, hollandais... Lauréat du Prix de l'Association des critiques de théâtre du Québec (1992), du Conseil des arts de la Communauté urbaine de Montréal (1992), du Dora Mavor Moore Award (1991), du Floyd S. Chalmers Award (1991), du Prix littéraire du Journal de Montréal (1988 et 1990), et trois fois finaliste au Prix du Gouverneur général du Canada. Prix du Gouverneur général du Canada pour les arts de la scène (1993).

DU MÊME AUTEUR

La Contre-nature de Chrysippe Tanguay, écologiste, Leméac, 1984.
La Poupée de Pélopia, Leméac, 1985.
Rock pour un faux-bourdon, Leméac, 1987.
Les Feluettes ou la Répétition d'un drame romantique, Leméac, 1987.
Les Muses orphelines, Leméac, 1995.
L'Histoire de l'oie, Leméac, 1991.
Le Voyage du couronnement, Leméac, 1995.
Le Chemin des passes-dangereuses, Leméac, 1998.
Les Papillons de nuit, Leméac, 1999.
Sous le regard des mouches, Leméac, 2000.

PETITE HISTOIRE

La comédie LES GRANDES CHALEURS a été créée en août 1991 au Théâtre de la Fenière à l'Ancienne-Lorette sous la direction artistique de *Marielle Kirouac.* La mise en scène était de *Jacques Lessard,* assisté de *Jean-François Touzin,* la distribution comprenait *Marielle Kyrouac* (Gisèle), *Carol Cassistat* (Yannick), *Jacques-Henri Gagnon** (Monsieur Napoléon), *Simone Chartrand,* (Louisette) et *Réjean Vallée* (Louis), dans un décor de *Yvon Sanche,* des costumes et des accessoires de *Lucie Larose.* Cette production a été reprise en juin 1992 au Théâtre Saint-Pierre de l'Île d'Orléans, et en juin 1993 au Manoir du Lac Delage.

Également produite au Théâtre de la Pulperie à Chicoutimi en juin 1992 sous la direction artistique de *Claude Simard,* dans une mise en scène de *Claude Poissant* assisté de *Serge Caron,* avec *Suzanne Marier, Patrick Goyette, Claude Gai, Caroline Lavoie* et *Benoît Lagrandeur,* dans une scénographie de *Raymond Marius Boucher* et des éclairages de *Stéphane Mongeau.*

Produite en juin 1992 par Le Théâtre des Marguerites à Trois-Rivières sous la direction artistique de *Jean Deschênes,* dans une mise en scène de *Bill Glassco* assisté de *Carole Caouette,* avec *Marthe Choquette, Michel Laprise, Roger Joubert, Johanne Fontaine* et *Jean Deschênes,* dans un décor de *Jean Deschênes* et *Lucie Basso,* des costumes de *Jan Cogley* et des éclairages de *Luc Prairie.*

Produite également par le Théâtre 636 de Val-d'Or en juillet 1992 dans une mise en scène de Rachel Lortie.

La comédie LES GRANDES CHALEURS a été à nouveau produite en juin 1993 au Théâtre des Hirondelles à Belœil sous la direction artistique de *Gyslain Tremblay* dans une mise en scène de *Fernand Rainville* avec *Sophie Clément, Vincent Gratton, Gyslain Tremblay, Suzanne Champagne* et *Roger Larue,* dans une scénogaphie de Mario Bouchard. Également au Théâtre de l'Île à Hull dans une mise en scène de *Gilles Provost.*

---

* En 1991, monsieur Jacques-Henri Gagnon a remporté le prix *Jeannine-Anger* lors de la remise annuelle des Prix du Trident pour la meilleure interprétation d'un rôle de soutien, celui de monsieur Napoléon.

Merci à la générosité de Marielle et de Yvon ainsi qu'à leur famille de saltimbanques... merci de la complicité, de la confiance et surtout des encouragements de Jacques Lessard... merci à l'équipe de la création et à celles qui ont suivi, car le texte que vous allez découvrir ici jouit de l'apport de chacun de ses acteurs et de ses metteurs en scène.

Michel Marc Bouchard

... aux blagues de ma mère et au rire de mon père

PERSONNAGES

GISÈLE CLOUTIER

Femme d'une cinquantaine d'années, veuve depuis peu. Mère de jumeaux, elle a une aventure amoureuse avec Yannick depuis quelques mois.

YANNICK

Jeune homme de vingt ans, à peine sorti de la délinquance.

NAPOLÉON BONNEAU

Homme d'une cinquantaine d'années. Voisin de chalet des Cloutier. Bricoleur invétéré, il s'intéresse depuis longtemps à Gisèle.

LOUISETTE

Jeune femme de trente ans. Fille de Gisèle et jumelle de Louis.

LOUIS

Jeune homme de trente ans. Fils de Gisèle et jumeau de Louisette.

LE CHAT

DÉCOR

Une plage. Un chalet d'été. Juillet.

PREMIÈRE PARTIE

Scène 1

Le soir.

Gisèle et Yannick sont couchés sur la galerie.

YANNICK. Un p'tit vent chaud, des aurores boréales, toi dans mes bras... le bonheur !

GISÈLE. Si les voisins venaient à passer, on aurait d'l'air de quoi ?

YANNICK. On aurait l'air du bonheur !

GISÈLE. J'pense qu'on va devoir leux expliquer.

YANNICK. J'ai jamais vu autant d'étoiles dans le ciel. Les deux plus belles sont dans tes yeux.

GISÈLE. Grand fou !

YANNICK. Ma belle pitoune sucrée !

GISÈLE. Mon beau minou !

YANNICK. Ma belle crotte d'amour !

GISÈLE. Je serais plus à l'aise dans le chalet !

YANNICK. Y'ont annoncé toute une semaine de grandes chaleurs. On va coucher dehors tous les soirs.

GISÈLE. J'aime pas ça dormir au grand air.

YANNICK. Parce que tu penses qu'on va dormir ?

GISÈLE. Grand fou !

YANNICK. Ma belle pitoune sucrée ! Icitte, on a pas à avoir peur que quelqu'un vienne nous déranger.

GISÈLE, *Mal à l'aise.* J'ai bercé mes enfants sur c'te galerie-là, j'ai parlé de la retraite avec mon défunt sus c'te galerie-là...

YANNICK. ... mais t'as jamais fait l'amour sus c'te galerie-là !

GISÈLE. Mon grand fou !

YANNICK. Ma belle crotte sucrée.

GISÈLE. J'vais coucher dans le chalet.

YANNICK. J'vais te faire apprécier le grand air, moi !

Ils s'embrassent.

GISÈLE. L'entends-tu « siler » ?

YANNICK. Qui ?

GISÈLE. Y'a un maringouin qui « sile » dans le noir.

YANNICK. Tu m'auras pas !

GISÈLE. J'haï' ça !

YANNICK. On reste dehors.

GISÈLE. Je l'entends plus.

YANNICK. J'ai dit que je te croyais pas. Détends-toi. Pour une fois qu'on a la paix.

GISÈLE. C'est pire quand on les entend plus.

YANNICK. J'te mangerais tout rond.

GISÈLE. J'suis sûre que c'est c'que le maringouin est en train de se dire. Je sens qu'y'est en train de se frotter le dard entre ses deux p'tites pattes en se demandant où c'est qu'y'va me piquer.

YANNICK. J'suis sûr qu'y'a jamais existé.

GISÈLE. J'suis sûre qu'y'est sur moi.

YANNICK. C'est moi le gros maringouin. Je sais pas par où commencer... *(Il se fait piquer.)* Ayoye ! ! !

GISÈLE. Moins fort !

YANNICK. Ça fait mal !

GISÈLE. Tu vois que c'est pas une bonne idée de faire du camping su'a galerie. J'espère que les voisins t'ont pas entendu.

YANNICK. C'est tout ce que t'as trouvé pour me consoler ?

GISÈLE. Mon grand fou !

YANNICK. Ma belle pitoune sucrée ! C'est pas une p'tite bebitte qui va briser mon bonheur. Oùsque j'étais rendu avec tout ça ?

Yannick disparaît sous les couvertures.

GISÈLE. Arrête un peu. Non, pas ça ! Non ! Tu me chatouilles ! Arrête ! Tu me chatouilles ! Chut ! Y'faut pas faire de bruit. Tu vas pas faire ça ? J'te défends ! *(Temps.)* Oui, fais-le, fais-le ! Yannick ! Yannick ! Yaaaaaaaannick !

On entend le bruit d'une scie électrique au loin.

YANNICK. Ça, si c'est un maringouin, y'doit faire trois cents livres au moins !

GISÈLE, *en déshabillé, elle va sur la plage.* Y'sait-tu l'heure qu'il est, lui ?

YANNICK. Gisèle, viens !

GISÈLE. Appelle la police !

YANNICK. Moi ça ? Appeler la police ? Ça fait pas six mois que je suis sorti de prison !

Ceintré d'un drap, il la rejoint sur la plage.

GISÈLE. Y'a pas le droit de nous déranger à c't'heure-là !

YANNICK. Ça me dérange pas, moi. Je dirais même que ça m'excite.

GISÈLE. J'peux comprendre que la musique que t'écoutes ressemble à ça mais moi, ça m'inspire pas. *(Bruit d'une perceuse électrique.)* Si j'y vais, j'y perce une oreille avec sa perceuse pis j'y mets sa scie ronde en pendatif.

YANNICK. Viens te recoucher !

GISÈLE. On s'est tapé son « chef d'œuvrage » toute la journée, là, c'est trop.

YANNICK, *narguant.* Gisèle, t'as dit qu'y' fallait que personne sache qu'on est ici.

GISÈLE. On va supporter ça sans rien faire ?

On frappe du marteau.

YANNICK. T'as dit aussi qu'y'fallait pas qu'une veuve respectable comme toi soit surprise avec un bum comme moi.

GISÈLE. J'vais y faire avaler ses clous !

YANNICK. Moi, j'demande pas mieux que ton voisin soit le premier à savoir que je t'aime.

GISÈLE. Y'va se servir de son équerre comme béquille !

YANNICK. Vas-y !

À nouveau, la scie électrique.

GISÈLE. J'm'habille pis j'y vas.

YANNICK. J'vais chercher ton linge.

GISÈLE. Non ! J'y vais pas.

YANNICK. J'suis tanné qu'on se cache. Depuis deux mois, je passe pour le livreur d'épicerie si c'est ta fille qui nous surprend, pour le tondeur de pelouse si c'est ton garçon qui nous surprend...

GISÈLE. C'est trop tôt !

YANNICK. T'es pas fatiguée qu'on se rencontre dans mon un et demi oùsqu'y'a d'la place juste pour respirer ? T'aimes ça te réveiller avec le nez collé sur la poubelle ?

GISÈLE. Le mardi, ça me dérange pas. C'est le jour des vidanges.

YANNICK. Ça serait le temps que tu me présentes sous mon vrai jour !

GISÈLE. C'est trop tôt !

YANNICK. J'veux connaître ton monde, tes amis !

GISÈLE. C'est trop tôt !

YANNICK. J'aimerais ça que tes enfants m'appellent papa.

GISÈLE. Tu voudrais qu'y't'appellent comment ?

YANNICK. Papa !

GISÈLE. Ça, c'est vraiment trop tôt !

YANNICK. J'veux même connaître ton voisin qui fait du tapage après onze heures ! Vas-y !

GISÈLE. Ça fait pas cinq mois que mon mari est mort. J'vais avoir d'l'air de quoi ?

YANNICK. D'une vivante ! Fred serait heureux de savoir que t'es retombée en amour après sa mort.

GISÈLE. Tu l'as pas connu pour dire ça. Fred Cloutier doit être aussi jaloux mort que vivant. Le maringouin de tantôt, j'suis sûre que c'était lui.

YANNICK. Vas-y !

GISÈLE. Comment c'que j'vais apprendre ça aux jumeaux ?

YANNICK, *un ton sur-dramatique.* Les enfants, j'ai quelque chose de grave à vous dire. Je sais pas comment vous apprendre ça. J'suis en amour pis... pis le pire, c'est que c'est avec un homme. Criez pas. Je sais que c'est dur à prendre.

connotation modernism dans le texte

GISÈLE. J'serai jamais capable !

YANNICK. C'est l'affaire la plus belle que tu peux leux apprendre.

GISÈLE. C'est plus compliqué que ça.

YANNICK. T'as peur qu'y's'imaginent des choses ? Y'vont penser que je t'aime pour ton argent ? T'en as. J'en profiterais pas ? Un fou !

GISÈLE. C'est pas ça.

YANNICK. À moins que ça te gêne de leux dire que j'ai un casier judiciaire ?

GISÈLE. Avec le travail que je fais, c'est pas ton p'tit casier judiciaire qui va les scandaliser.

YANNICK. Que c'est qu'y'a mon casier judiciaire ?

GISÈLE. Un p'tit bum qui, par un beau soir de soulerie, a décidé de voler une vieille Buick '72 pour épater ses chums ! Y'en ont vu d'autres.

YANNICK. Mon casier judiciaire est pas assez impressionnant ?

GISÈLE. Pas vraiment !

YANNICK. J'ai jamais eu de diplôme, j'ai pas de curriculum vitæ, tout ce que j'ai eu dans' vie, c'est un casier judiciaire dont je pourrais être un peu fier pis madame le trouve pas assez impressionnant ?

GISÈLE. Non !

YANNICK. J'en ai volé plusieurs mais je me suis fait prendre rien qu'une fois. C'est pas de ma faute.

GISÈLE. Comment j'leux dit ça pour ton âge ?

YANNICK. Ça y est ! On r'commence ! Que c'est qu'y'a encore mon âge ?

GISÈLE. J'ai le double de ton âge ! Pis quand je dis rien que le double, je triche.

YANNICK. T'es la plus belle femme que je connaisse !

GISÈLE. C't'idée de faire l'amour à' noirceur !

YANNICK. Tu leux dis que mes dents de sagesse ont fini de pousser, que j'ai du poil en dessous des bras pis que ma voix a mué.

GISÈLE. Comment je leux dis ça !

YANNICK. Tu leux dis ; Yannick a vingt ans.

GISÈLE. J'vais avoir l'air de quoi ?

YANNICK, *élevant la voix.* D'une femme en amour !

GISÈLE. Moins fort !

YANNICK, *criant.* J't'aime ! Plus on vieillit, plus on a besoin d'attentions, de caresses, de flattages... Y'vont comprendre que ça te prenait un amant jeune, énergique...

GISÈLE. Y'vont penser que c'est pas sérieux !

YANNICK. Qui ça ?

GISÈLE. J'vais être la risée de mon entourage !

YANNICK. Toi, tu l'penses ? Tu penses que c'est pas sérieux, Gisèle ? Le programme de la soirée est changé. J'vas traverser le lac. Ça va calmer mes envies.

Il laisse tomber son drap. Il est nu.

GISÈLE. Tu vas pas te baigner tout nu ?

YANNICK. Si on m'arrête, ça va juste être bon pour mon casier judiciaire !

Il disparaît vers le lac.

Scène 2

GISÈLE. Y' va se baigner tout nu ? J'ai pas un voisin en bas de soixante ans. Si jamais y' le voient, ça va être le festival de l'infarctus pis de la haute pression. *(Regardant au ciel.)* Fred Cloutier, j't'entends rire ! *(Appelant.)* Minou ? Yannick ? Minou ?

Scène 3

Monsieur Napoléon entre. Il tient une perceuse électrique.

NAPOLÉON. J'peux vous aider, Madame Gisèle ?

GISÈLE. Vous m'avez fait peur !

NAPOLÉON. Dites-moi pas que vous vous êtes enfin décidée à réouvrir vot'chalet ? Ça fait ben trois ans qu'on vous a pas vue ?

GISÈLE. Dites-moi pas que vous avez pas encore fini d'agrandir le vôtre ? Ça fait ben trois ans que vous travaillez dessus ?

NAPOLÉON. Les affaires qui prennent de l'âge demandent plus de soins, plus de flattages...

GISÈLE. C'est pas le temps de me parler de ça. Vous parlez d'une heure pour faire des travaux ?

NAPOLÉON. Vous êtes belle en « tabarne » dans vot'drap ! Sauf le respect que j'ai pour vot'mari, j'haïrais pas ça être vot'couvre-lit ! *(Il rit tout seul.)*

GISÈLE. J'vais aller me changer !

NAPOLÉON. Restez comme ça ! Vous êtes belle comme une statue.

GISÈLE. Vous êtes sérieux ?

NAPOLÉON. Vous avez changé la couleur de vos cheveux ? Vous étiez pas... attendez un peu... Vous étiez...

GISÈLE. Grise ! Gênez-vous pas, j'étais grise !

NAPOLÉON. J'ai toujours eu un faible pour les blondes. Cherchiez-vous quelqu'un ?

GISÈLE. Quoi ?

NAPOLÉON. Ben oui ! Minou ?

GISÈLE. Minou ?

NAPOLÉON. Ben oui, minou, Yannick ? C'est qui ?

GISÈLE. Ben, c'est clair, c'est... mon chat ! J'ai perdu mon chat !

NAPOLÉON. De quoi c'qu'y'a de l'air ?

GISÈLE. Un jeune matou. Y'a pas l'habitude de la campagne, y'couche sur les galeries pis y'se baigne à des heures inimaginables.

NAPOLÉON. Un chat qui se baigne ?

GISÈLE. C't'un chat importé.

NAPOLÉON. Voulez-vous que je le cherche avec vous ?

GISÈLE. Y'va revenir.

NAPOLÉON. Vot'mari est pas là ?

GISÈLE. Non. Mon mari est... J'suis seule.

NAPOLÉON. Y'est-y encore malade ?

GISÈLE. Y'sera plus jamais malade.

NAPOLÉON. Parlez-moi d'une bonne nouvelle ! Moi aussi je serai plus jamais malade. Depuis qu'Adrien Gagnon s'occupe de ma santé pis de mon porte-feuille, j'me sens mieux. V'là quecques mois j'ai eu un p'tit refroidissement...

GISÈLE. Mon mari, c'est un gros qu'y'a eu.

NAPOLÉON. Mais là, ça va mieux.

GISÈLE. Mon mari aussi ! Parlant de refroidissement, j'vais aller me mettre au chaud.

NAPOLÉON. Vot'mari aurait pas ça une mèche cinq\huit ? C'est pour ma perceuse. J'suis en train de poser des attaches pour ranger mes rames de bateau. J'ai rien que des vis cinq\huit. J'étais sûr que j'avais acheté des trois-quarts mais en ouvrant la boîte tantôt, j'me suis aperçu que le vendeur m'a donné des cinq\huit. Sur ma perceuse j'ai des mèches un\huit, trois\huit, d'la demie, du trois-quarts, du quart...

GISÈLE. J'le sais pas si mon mari a une cinq\huit.

NAPOLÉON. Parlez-vous toujours de la perceuse ? *(Il rit.)*

GISÈLE. Ça peut attendre à demain ?

NAPOLÉON. Pas vraiment !

GISÈLE. Plus tard au cours de la semaine ?

NAPOLÉON. Y'faut que je finisse ça à soir. J'ai mis une p'tite colle à bois... Y'en avait plusieurs sortes mais j'ai pris de la « Pine Glue ». Ça, c'est fait à base de pin. Y'paraît qu'y'mettent d'la sciure de bois de pin avec d'la p'tite colle ben forte. Y'font une p'tite pâte avec ça... On met la « Pine Glue » sur la planche mais faut solidifier avec des vis pis des boulons... La « Pine Glue », c'est pas assez fort pour tenir la planche...

GISÈLE. Monsieur Napoléon !

NAPOLÉON. Si j'mets pas de vis à soir, la planche va tomber. Y'est pas peureux votre homme ? Laisser un beau morceau de femme comme vous, toute seule... avec son chat ! Du temps de son vivant, j'aurais jamais laissé ma femme toute seule ou ben, j'y aurais posé un système d'alarme.

GISÈLE. J'vous savais pas aussi romantique ?

NAPOLÉON. Avez-vous vu les nouveaux systèmes d'alarme ? C'est pas achetable. Y'vendent ça à des prix de fou. Y'a le « Security Safety », ça c'est abordable. C'est en trois morceaux ; y'a une boîte pour la serrure, une autre pour le signal, pis une troisième pour le programmer...

Y'vendent ça en plusieurs modèles. Y'a aussi le « Caution-Caution », ça, c'est en douze morceaux ; le premier morceau, c'est un...

GISÈLE. Monsieur Napoléon, j'commence à avoir froid pis parlez-moi pas des sortes de chaufferettes.

NAPOLÉON. J'ai toujours eu pour mon dire que la meilleure chaufferette pour une femme, c'est les bras d'un homme.

GISÈLE. Ça dépend des modèles !

NAPOLÉON. Un bon vieux modèle de qualité, ça vous dit rien ?

GISÈLE. Monsieur Napoléon !

NAPOLÉON. Comme ça vous avez pris des p'tites vacances de votre centre de voyous !

GISÈLE. Ça s'appelle des délinquants !

NAPOLÉON. Un voyou, c'est un voyou !

GISÈLE. Pis un borné ; c'est un borné !

NAPOLÉON. J'aime ça vot'p'tit ton autoritaire. Ça m'fait tout drôle en dedans de moi quand vous vous choquez comme ça. Les voyous, je les connais. Y'a deux ans de ça, j'me suis fait voler mon char. Une belle Buick '72.

GISÈLE. Une Buick '72 ! ?

NAPOLÉON. Couleur brique, chaussée à neuf, quatre portes...

GISÈLE. Reconnaîtriez-vous le voleur ?

NAPOLÉON. Même tout nu ! J'ai été au procès. Vous allez pas me croire, mais mon voleur y'avait le même nom que vot'chat. Vous auriez dû y'voir la face. Y'avait une gueule de tueur. Ma belle Buick a fini dans un ravin de cent pieds...

GISÈLE. Dans un fossé de six pieds !

NAPOLÉON. Le voyou était drogué !

GISÈLE. Y'était sous l'effet de l'alcool.

NAPOLÉON. Y'étaient huit dans l'auto !

GISÈLE. Y'étaient trois !

NAPOLÉON. Cout'donc, étiez-vous avec eux autres ?

GISÈLE. J'ai beaucoup travaillé sur le dossier du délinquant en question.

NAPOLÉON. Un voyou

GISÈLE. Y'avait aucun antécédent judiciaire. C'est un garçon qui avait des tendances cleptomanes. Maintenant, y'est guéri.

NAPOLÉON. Moi, j'dis que quelqu'un qui respecte pas les lois, c'est un voyou !

GISÈLE. Comment vous appelez ça quelqu'un qui frappe du marteau dans un centre de villégiature après onze heures ?

NAPOLÉON. Vos p'tits yeux malicieux. Vous avez le don de venir chercher l'homme qu'y'a en dedans de moi.

GISÈLE. Que c'est que vous voulez dire ?

NAPOLÉON. Le couvre-lit ! ? ! *(Il rit tout seul.)* Ça vous ferait plaisir si j'arrêtais de travailler pour à soir ?

GISÈLE. Vous feriez pas ça ?

NAPOLÉON. Pour vous, j'vas arrêter pis j'vas vous aider à retrouver vot'chat.

GISÈLE. J'vous l'ai dit ! Y'va revenir de lui-même.

Au loin, on entend une planche de bois tomber.

NAPOLÉON. C'est d'valeur pour la planche que j'ai collée. J'vais revenir demain pour la mèche. Vot'mari va être là ?

GISÈLE. Non.

NAPOLÉON. Y'sera pas là de la semaine ?

GISÈLE. Pour plus longtemps que ça.

NAPOLÉON. Vous voulez dire que je vais vous avoir à moi toute la semaine ?

GISÈLE. Monsieur Napoléon, vous rendez-vous compte que vous chantez la pomme à une femme mariée et respectable ?

NAPOLÉON. Vous allez me briser le cœur.

GISÈLE. Vous mettrez d'la « Pine Glue » !

NAPOLÉON. Par un beau samedi soir comme ça, tout c'qui reste à un homme...

GISÈLE. ...c'est d'écouter le film à Quatre-saisons !

NAPOLÉON. Justement, y repasse le film *Emmanuelle douze* à soir. Ça vous tente pas de l'écouter avec moi ?

GISÈLE. Non ! « Gisèle cinquante-deux » va aller se coucher.

NAPOLÉON, *soudain.* Avez-vous entendu ?

GISÈLE. Quoi ?

NAPOLÉON. Le bruit.

GISÈLE. Non !

NAPOLÉON. C'est quoi qu'y'a sur vot'plage ?

GISÈLE. J'vais me coucher.

NAPOLÉON. On dirait qu'y'a quelqu'un sur vot'plage.

GISÈLE. Où ça ?

NAPOLÉON. Juste là !

GISÈLE. J'vois pas ! Où ça ?

NAPOLÉON. Là ! À côté de vot'chaloupe !

GISÈLE. Ça doit être une souche !

NAPOLÉON. Une souche qui bouge ? Regardez comme y' faut !

Gisèle regarde du côté opposé.

GISÈLE. J'vois pas.

NAPOLÉON. Pas là. Là !

GISÈLE. Ben oui, on dirait... Ben, c'est mon chat. Vous pouvez vous en aller, y'est revenu.

NAPOLÉON. Y'est bâti vot'chat ! On dirait plutôt... Ben « tabarne », c'est un homme, pis...

GISÈLE. Un homme sur ma plage ?

NAPOLÉON. Ben « tabarne », y'est tout nu !

GISÈLE. Arrêtez vos allusions grivoises ! J'ai chaud !

NAPOLÉON. Tantôt vous aviez froid ?

GISÈLE. À mon âge, on est comme un thermostat en hiver ; trop froid, trop chaud, jamais la bonne température.

NAPOLÉON. R'gardez comme y'faut ! Une tête, deux bras, deux jambes... Voulez-vous que je continue ?

GISÈLE. Vous avez raison. C'est un homme. J'suis sûre qu'y'porte un maillot. Y'en font des couleurs chair asteur.

NAPOLÉON. C'est quoi le motif qu'y'a sur le devant ?

GISÈLE. Allez donc écouter vot'film !

NAPOLÉON. Dites-y de s'en aller de là. C'est vot'plage après tout.

GISÈLE. Y'fait pas de mal !

NAPOLÉON. Un homme se met tout nu rien que pour faire du mal.

GISÈLE. Que c'est que vous faites dans vot'douche ?

NAPOLÉON. J'aime assez vos p'tites répliques comme ça. *(Appelant au loin.)* Aye, le p'tit vicieux !

GISÈLE. C'est ma plage ! C'est à moi de le chasser !

NAPOLÉON. Allez-y !

GISÈLE. Y'est peut-être armé ?

NAPOLÉON. Vous appelez ça une arme, vous ?

GISÈLE, *soudainement sans voix.* Vous, là-bas ?

NAPOLÉON. Plus fort !

GISÈLE. Vous avez pas le droit d'être sur ma plage ! Si vous partez pas, j'appelle la police. Allez-vous en !

NAPOLÉON. Y'entendra jamais !

GISÈLE, *toujours sans voix.* C'est de vot'faute aussi. Vous m'faites veiller avec rien qu'un drap sur le dos ! J'ai dû prendre froid.

NAPOLÉON. J'voulais pas ! *(Soudain.)* Ben ? Y'est parti.

GISÈLE. Vous devriez faire comme lui ! *(Napoléon commence à déboutonner sa chemise en riant.)* J'parlais de vous en aller !

NAPOLÉON. J'aime assez vot'p'tit ton autoritaire. J'vas m'en aller mais je veille sur vous. J'vas sortir mon fusil. Une belle trois cent trois, une « Winchesterfield », double canon, une lunette d'approche « Verrax », une portée de quatre cents mètres...

GISÈLE. Allez-y, là !

NAPOLÉON. Si le tout nu réapparaît, j'y fais d'autres motifs sur son costume de bain.

GISÈLE, *à part.* Mon dieu !

NAPOLÉON. J'vas vous aider à retrouver vot'chat aussi ! Allez vous mettre au chaud. J'voudrais pas que vous perdiez vot'belle voix.

Napoléon s'en va.

Scène 4

GISÈLE. J'ai pas envie qu'y's'occupe de Yannick avec sa trois cent trois. C't'idée de vendre des fusils ! Veux-tu ben me dire oùsqu'y' est rendu, lui ? *(S'adressant au ciel.)* Ça te ressemble Fred Cloutier ! J'irai pas les porter au curé les messes que j'ai reçues pour toi. Tu les mérites pas. *(Appelant.)* Yannick ? Es-tu encore fâché ? Yannick ? Viens, mon minou... J'serais mieux de plus l'appeler comme ça. *(Ramassant le drap de Yannick et le respirant.)* Si tu savais, Fred ! Quand je le regarde dans les yeux, je retrouve mes cheveux longs, mes joues rondes, mon teint lisse, mon sourire de vingt ans pis tout d'un coup, au dessus de son épaule, je me vois dans le miroir ; les rides, la bouche qui rapetisse, mes cinquante-deux ans. Lui, y'me fait du bien, pis moi, j'ai l'impression de me faire du mal.

Scène 5

VOIX-OFF DE LOUISETTE. Maman ?

VOIX-OFF DE LOUIS. Maman ?

VOIX-OFF DE LOUISETTE. Êtes-vous là, maman ?

GISÈLE. C'est pas vrai ! *(Elle ramasse, à la presse, les vêtements sur la galerie.)* Fred Cloutier, continue comme ça pis j'envoie pas les cartes de remerciements pour tes funérailles. *(Revenant à ses enfants.)* J'suis sur la plage !

Louis et Louisette apparaissent.

LOUISETTE. Vous êtes pas couchée ?

GISÈLE. Ça devrait pas tarder, j'ai déjà mon drap sus l' dos.

LOUISETTE. C'est quoi que vous avez sua tête ?

GISÈLE. Des cheveux !

LOUISETTE. Que c'est que vous avez fait de vos beaux cheveux gris ?

GISÈLE. J'les ai blondis un peu. Trouvez-vous que ça me rajeunit ?

Silence.

LOUISETTE. On vous donnerait quarante huit... !

LOUIS. Quarante sept ?

LOUISETTE. C'est quoi le linge que vous avez dans les bras ?

GISÈLE. J'faisais un peu de lavage, une p'tite brassée.

LOUIS. À cette heure-ci ?

LOUISETTE. Travailler tard comme ça, vous allez vous tuer !

GISÈLE. Mourir de ça ou mourir de honte.

LOUISETTE ET LOUIS. Hen ?

LOUIS, *trop compatissant.* Avez-vous réussi à manger un peu ?

GISÈLE. Oui !

LOUIS. Vous êtes-vous apporté des belles lectures ?

GISÈLE. Oui !

LOUIS. Vous êtes-vous apporté des beaux jeux ?

GISÈLE. Oh oui !

LOUIS. Avez-vous pris une p'tite marche ?

GISÈLE. 'Cout'donc Louis, quel âge tu penses que j'ai ?

LOUIS. On s'en veut de vous avoir laissée un peu seule depuis la mort de papa !

LOUISETTE. Louis, parle pas de ça !

GISÈLE, *faussement sombre.* C'est pas parce que vot'père est mort qu'y'faut qu'on arrête de vivre. C'est pas facile mais la vie continue.

LOUISETTE, *s'allumant un cigarette.* Vous êtes surprise de nous voir, hen ?

GISÈLE. Débarquer comme ça... sans m'avertir...

Louis prend la cigarette de Louisette et la casse.

LOUISETTE. Sais-tu combien ça coûte ?

LOUIS. Tu veux que je t'aide oui ou non ?

LOUISETTE. Laisse-moi z'en fumer une ! Rien qu'une en deux jours ?

LOUIS. Non !

LOUISETTE. On a retrouvé vot'note sur la table de la cuisine.

GISÈLE. Vous l'avez pas lue ou ben vous savez plus lire ?

LOUISETTE. Vous avez écrit que vous étiez au chalet.

GISÈLE. Pis la suite ?

LOUIS. Que vous aviez besoin de solitude...

GISÈLE. Qu'est-ce que vous faites ici ?

LOUIS. J'ai reçu les cendres, hier.

GISÈLE. Les cendres ?

LOUISETTE, *lui suggérant de se taire.* Louis !

LOUIS. Ben, les cendres !

GISÈLE. Les cendres ?

LOUISETTE. Louis !

LOUIS. Les cendres de papa !

GISÈLE. Déjà !

LOUIS. J'ai eu beaucoup de difficultés à dormir la nuit dernière. J'avais les cendres chez nous. Je sentais la présence de papa partout dans mon appartement. J'ai décidé d'appeler Louisette à matin pour qu'on s'en débarrasse... j'veux dire... pour qu'on respecte ses dernières volontés.

LOUISETTE. Répandre ses cendres sur les flots bleus du Lac aux Sangsues.

GISÈLE. Pauvres sangsues ! *(Temps.)* C'est vrai. C'est ça qu'y' voulait. *(Écrasant une larme imaginaire.)* Vous allez m'excuser. *(Elle se retire.)*

Scène 6

LOUISETTE. T'as vu ? Tu l'as fait pleurer ! T'étais pas obligé d'y parler de papa tout de suite en arrivant !

LOUIS. J'ai pas parlé de papa. J'ai parlé des cendres de papa.

LOUISETTE. Veux-tu ben me dire ce qu'elle fait avec un drap sus l'dos ?

LOUIS. J'comprends pas plus son histoire de lavage.

LOUISETTE. Pis y'as-tu vu la tête ? Une danseuse à gogo qui a oublié de prendre sa retraite ! Pauv'maman !

LOUIS. Condamnée à la solitude jusqu'à la fin de ses jours.

LOUISETTE. Mets-en pas trop, Louis ! C'est mieux de la voir souffrir d'un peu de solitude que de la voir veiller papa à l'hôpital.

LOUIS. Trois ans à passer ses nuits au chevet d'un mourant.

LOUISETTE. Elle va se trouver quelqu'un. Un beau monsieur avec des beaux cheveux gris...

LOUIS. Avec un beau fond de pension...

LOUISETTE. Un beau condo en Floride...

LOUIS. Tu penses ça ? Tu te rappelles les dernières paroles de papa ?

LOUISETTE, *jouant son père.* « Prends ton temps, Gisèle. Prends ton temps avant de me remplacer. Prends beaucoup de temps. Oublie pas que je vais voir tout c'que tu vas faire. »

LOUIS. Elle est pas à la veille de trouver quelqu'un. De toute façon, à c't'âge-là...

LOUISETTE. C'est pas une question d'âge. Ça fait combien de temps que t'es tout seul ?

LOUIS. Depuis que papa est tombé malade. Tu te rappelles de c'qu'y' m'a dit ?

LOUISETTE, *jouant son père.* « Mon p'tit Louis, j'ai jamais accepté que tu sortes avec les garçons. C'est peut-être à cause de ça que je suis tombé malade. »

LOUIS. Y' m'a coupé toute envie de tomber en amour depuis c'temps-là !

LOUISETTE, *jouant son père.* « Louisette, tu peux sortir avec qui tu veux mais quand j'ai su que tu sortais avec un homme de cinquante ans, c'est là que j'ai eu ma faiblesse. » *(Temps.)* Moi aussi, y' m'a coupé toute envie.

LOUIS. J'trouve que c'est pas le temps de parler de ça. Papa est pas tout à fait parti.

LOUISETTE. Ça sera pas long. Va chercher les cendres.

LOUIS. Pourquoi ?

LOUISETTE. On va les répandre sur les flots bleus du Lac aux Sangsues !

LOUIS. Tout de suite ? Comme ça ?

LOUISETTE. On aurait dû se débarrasser de ses cendres le lendemain des funérailles.

LOUIS. Fallait ben attendre que le lac dégèle !

LOUISETTE. Ça fait trois ans qu'on a le fond de l'œil triste. Moi, j'ai envie de faire la fête. J'ai envie que le soleil revienne dans ma vie. J'ai envie d'une cigarette ! ! !

LOUIS. Non !

LOUISETTE. J'ai envie de retomber en amour. Pas toi ?

LOUIS, *rêveur.* J'le vois !

LOUISETTE. Qui ?

LOUIS. Mon futur chum ! J'le vois un peu délinquant, jeune, athlétique... Un romantique qui aime dormir sous les étoiles. *(Voyant quelqu'un au bord de l'eau.)* Louisette, tu me croiras pas mais j'le vois ! J'le vois pour vrai, su'a plage ! Y'est jeune, athlétique pis... tout nu !

LOUISETTE. Où ça ?

Scène 7

Napoléon entre.

LOUISETTE. C'est ça que t'appelles jeune, athlétique pis tout nu ?

NAPOLÉON, *mystérieux, tenant son fusil à la main.* Dérangez-vous pas pour moi les enfants. J'cherche le chat de vot'mère !

LOUISETTE. Maman a un chat ?

NAPOLÉON. Ben oui, un chat importé.

LOUIS. Qu'est-ce que vous voulez y faire avec vot'fusil ?

NAPOLÉON. J'protège vot'mère !

LOUISETTE. C't'un tigre ou ben un chat ?

NAPOLÉON. Chut ! Bonsoir !

LOUIS ET LOUISETTE. Bonsoir, monsieur Napoléon.

Napoléon sort.

Scène 8

LOUIS. J'ai eu l'impression de voir une beau gars sur la plage !

LOUISETTE. Tout c'qu'on peut voir au Lac aux Sangsues, c'est du p'tit vieux, p'tites pattes blanches poilues pis habillé.

LOUIS. C'est plus ton genre ça !

LOUISETTE. Oui pis ? Les jeunes hommes ont pas de tête !

LOUIS. J'suis convaincu que j'ai pas rêvé ça.

LOUISETTE. Ça doit être papa qui t'a jeté un sort !

LOUIS. De toute façon, tant et aussi longtemps que maman saura pas que j'aime les hommes, je retomberai pas en amour !

LOUISETTE. Qu'est-ce que t'attends pour y dire ?

LOUIS. J'l'ai dit à papa pis tu vois c'qui est arrivé.

LOUISETTE. Maman est beaucoup plus moderne.

LOUIS. Moderne ! Tu te rappelles la fois oùsque j'suis venu au chalet avec une amie pis son soit-disant chum qui était à vrai dire le mien ?

LOUISETTE. Oui !

LOUIS. Elle a jamais voulu que la fille couche avec le gars. Si elle refusait qu'un gars pis une fille couchent ensemble, comment c'qu'elle va réagir à ma situation ?

LOUISETTE. Mais ton chum a couché avec toi ?

LOUIS. On avait prévu la réaction de maman ! *(Temps.)* Ce qui te prouve que maman est conservatrice pis puritaine.

LOUISETTE. Va chercher les cendres !

LOUIS. Sans cérémonie ?

LOUISETTE. On va le faire pendant que maman est pas là !

LOUIS. Ça se fait pas !

LOUISETTE. Tu veux la voir pleurer ?

LOUIS. Ça se fait pas !

LOUISETTE. Tu veux la voir pleurer ?

LOUIS. Oui bon ! J'aime ça la voir pleurer ! Ça me fait pleurer aussi.

LOUISETTE. Oùsqu'est l'urne ?

LOUIS. On va faire ça demain, en plein jour pis avec elle.

LOUISETTE. J'ai pas envie que tu nous réveilles cette nuit parce que tu sens la présence de papa.

LOUIS. Ici, y' a pas de danger.

LOUISETTE. Va les chercher ! *(De l'intérieur du chalet, on entend le téléphone sonner.)* Louis, j'voulais te demander quelque chose. As-tu dit à ma tante Fernande qu'on venait au chalet ?

LOUIS. Pourquoi j'y aurais dit ça ?

LOUISETTE. Oui ou non ? Louis, tu sais que la seule chose que je déteste au monde, c'est les menteries !

LOUIS. Oui, j'y ai dit.

LOUISETTE. J'vais te tuer !

LOUIS. On tue pas son frère. Encore moins son jumeau. J'me suis dit que les téléphones de ma tante Fernande te manqueraient.

LOUISETTE. Ses téléphones de deux heures pour savoir si maman supporte bien son deuil.

Scène 9

Gisèle, habillée d'un ensemble d'été un peu trop jeune pour elle, vient porter l'appareil sans fil à Louisette.

GISÈLE. C'est pour toi. C'est Fernande !

LOUISETTE. C'est quoi que vous avez sur le dos ?

GISÈLE. Un p'tit ensemble de détente !

LOUISETTE. Détente ? J'vous regarde pis ça me stresse.

GISÈLE, *dans le récepteur.* Dis-y que je me suis pas encore ouvert les veines.

LOUISETTE, *prenant le récepteur.* T'es mort, Louis Cloutier ! Va chercher c'que je t'ai demandé.

Louis sort. Gisèle, jetant un coup d'œil au loin, rentre à nouveau dans le chalet.

Scène 10

LOUISETTE, *au téléphone.* Ma tan... Ma tan... Ma tan... Ma tante ! Criez pas ! Non, Louis est pas mort ! Oui... Oui... Oui... Elle a mangé, elle s'est apporté des revues, des jeux pis elle a dû prendre une p'tite marche.... Oui... Elle va très bien. À part d'avoir les cheveux blonds-Javex, de se promener avec un drap sus l'dos pis de commencer à ressembler à une tenancière de bordel, elle va très bien ! *(Long silence. Elle s'allume une cigarette.)* Oui... Écoutez ma tante... Là, y'est tard pis... ma tan... Ma tan... Ma tan... Ma...

Scène 11

Louis revient avec un boîte.

LOUIS. Ça sera pas long, papa. On est presque arrivé.

LOUISETTE. Ma tan... Ma tan... Ma Tan... *(Louisette pince Louis et place le récepteur près de lui.)*

LOUIS. Ayoye !

LOUISETTE. Y' faut que je vous laisse ma tante. Louis s'est fait mal. *(Elle raccroche.)*

LOUIS. Es-tu tombée su'a tête ? J'ai failli échapper papa ! *(Il dépose sa boîte et casse la cigarette de Louisette.)*

LOUISETTE. Vite sort l'urne !

LOUIS. Avant, y' faut que je te dise quecque chose.

LOUISETTE. Quoi ?

LOUIS. Tu riras pas de moi ?

LOUISETTE. Si c'est drôle !

LOUIS. J'te le dis pas !

LOUISETTE. Dis-le. Je rirai pas.

LOUIS. Hier, quand y' sont venus porter l'urne, j'étais ben énervé. Tellement, que j'ai échappé l'urne.

LOUISETTE. Pis ? *(Louis ouvre la boîte et en sort un sac de balai-électrique.) (Ahurie.)* Tu veux pas dire que papa est là-dedans ?

LOUIS. Y'avait du papa partout. Sur les meubles, sur le tapis, dans les plantes... J'en ai pas dormi. J'sentais sa présence partout.

LOUISETTE. Te rends-tu compte que not'père est dans un sac de balayeuse ?

LOUIS. Pis y'est pas tout seul, Y'a toutes sortes d'affaires avec lui ; du café, des restes de plantes, des minous de dessous de lit...

LOUISETTE. T'as pas pensé à changer le sac avant de le ramasser ?

LOUIS. J'étais tellement énervé. J'ai acheté une nouvelle urne aujourd'hui. Y'faut le sortir du sac pis enlever un peu les affaires qui vont pas avec lui.

LOUISETTE. On a rien qu'à le vider tout de suite dans le lac !

LOUIS. Ça se fait pas ! Y'va nous en vouloir !

LOUISETTE. Y'est mort, Louis !

LOUIS. J'ai trop peur !

LOUISETTE. Quand j'pense qu'y' est mort d'allergie à la poussière.

Scène 12

Yannick, nu, revient en vitesse.

YANNICK. Bonsoir !

LOUIS ET LOUISETTE. Bonsoir !

Yannick disparaît dans le chalet.

Scène 13

LOUISETTE. Va chercher la balayeuse !

LOUIS. Pourquoi ?

LOUISETTE. On va le sortir de là.

LOUIS. Comment ?

LOUISETTE. Va chercher la balayeuse !

Louis s'apprête à entrer dans le chalet mais...

LOUIS. Louisette ?

LOUISETTE. Quoi ?

LOUIS. J'vais te poser une question mais ris pas de moi.

LOUISETTE. Si c'est drôle ?

LOUIS. J'la pose pas !

LOUISETTE. Vas-y. Je rirai pas !

LOUIS. Y' a quecques secondes, j'ai eu l'impression d'avoir dit bonsoir au gars tout nu que j'ai vu sur la plage tantôt.

LOUISETTE. Moi aussi, j'ai cette impression-là !

LOUIS. Ça s'est passé vite, hen ?

LOUISETTE. Comme une apparition ! *(Ils s'assoient.)* J'devrais fumer. Penses-tu qu'on est en manque à ce point-là ?

LOUIS. On est-y en manque au point de voir apparaître un homme tout nu ?

LOUISETTE. Ça se peut la même apparition, en même temps ?

LOUIS. On est jumeau !

LOUISETTE. Y' paraît que les jumeaux ont des dons.

LOUIS. On aurait le don de visualiser nos fantasmes ? Y'était beau, hen ?

LOUISETTE. Un peu jeune...

LOUIS. Essaye d'y penser encore.

LOUISETTE. On y pense en même temps ! O.K. ?

LOUIS. O.K. !

Scène 14

YANNICK, *revient habillé.* Vous devez avoir faim ? On arrive avec le lunch !

Il disparaît à nouveau dans le chalet.

Scène 15

Ils se regardent longuement.

LOUIS. Ça marche !

LOUISETTE. Wo ! Ça marche trop bien ! Y' me rappelle un livreur d'épicerie.

LOUIS. Attends ! Moi, y'me rappelle un tondeur de gazon.

LOUIS ET LOUISETTE. MAMAN ! ! !

Scène 16

Gisèle sort du chalet avec un plateau de sandwichs et des boissons gazeuses.

GISÈLE. Vous êtes affamés pour crier comme ça ? Vous allez bien prendre une p'tite sandwich ?

LOUISETTE. C'est qui le tout-nu qu'on vient de voir ?

GISÈLE. Où ça, ma chérie ? J'en ai aux œufs, au jambon pis au tout nu... j'veux dire au pâté de campagne.

LOUIS. C'était qui l'apparition ?

GISÈLE. Quelle apparition ? Allez-vous prendre une liqueur avec ça ?

LOUISETTE. Quand j'pense qu'on se morfondait à vous croire toute seule !

LOUIS. Triste !

LOUISETTE. Abandonnée !

LOUIS. Habillée comme du monde !

LOUISETTE. On vous surprend avec la page centrale du *Playgirl* !

GISÈLE. J'vois pas de qui vous voulez parler ?

LOUISETTE. Le livreur d'épicerie !

GISÈLE. Pain blanc ou pain brun ?

LOUIS. Le tondeur de gazon !

GISÈLE. Moutarde ou mayonnaise ?

LOUIS ET LOUISETTE. Maman !

GISÈLE. Où c'est que j'ai la tête ?

LOUISETTE. Ben oui ? Vous êtes-vous décoloré le cerveau aussi ?

GISÈLE. Vous devez parler de Yannick...

LOUISETTE. J'imagine que c'est ça son nom !

GISÈLE. C'est un de mes clients au centre de réhabilitation !

LOUIS. Qu'est-ce qu'un de vos clients fait ici ?

GISÈLE. J'me suis apporté un peu d'ouvrage à la maison ! *(Elle rit... jaune.)*

LOUISETTE. Vous pensez qu'on va avaler ça ?

GISÈLE. Commence par celles-là aux œufs. Elles se digèrent mieux.

LOUISETTE. Qu'est-ce qu'y' fait ici ?

GISÈLE. C'est un cas bien difficile !

LOUIS. Expliquez-nous le !

GISÈLE. C'est confidentiel !

LOUISETTE. Maman !

GISÈLE. C'est un jeune qui a beaucoup souffert au cours de son enfance... Y'a très très très longtemps de ça...

LOUISETTE. Commencez donc l'histoire v'là quelques mois.

GISÈLE. Yannick souffre de... Il souffre de...

Scène 17

YANNICK, *derrière le moustiquaire.* Voulez-vous que je fasse un feu ?

GISÈLE, *chuchotant.* C'est ça ! Il souffre de pyromanie ! Y'a brûlé des magasins, des bureaux, des écoles...

LOUIS. Des chalets ?

YANNICK. J'en fais-tu un feu, oui ou non ?

LOUIS et LOUISETTE. Non !

YANNICK. Comme vous voulez !

Il disparaît.

Scène 18

GISÈLE. Comme y'supporte pas la ville, y' la brûle. Au bureau, on a pensé que ce serait une bonne idée que je l'amène passer quecques jours à la campagne pour voir comment c'qu'y' réagit avec la nature.

LOUIS. Une sainte !

GISÈLE. J'ai accepté parce que ça me faisait une compagnie... Ça me permettait aussi d'arrêter de penser à votre père. *(Elle essuie une fausse larme.)*

LOUIS, *essuyant une vraie larme.* Une sainte !

GISÈLE. Je me dévoue à mon travail. C'est tout !

LOUISETTE. Qu'est-ce qu'y'faisait tout nu vot'travail ?

GISÈLE. L'appel de la nature !

LOUIS. Une sainte !

LOUISETTE. J'm'excuse, maman !

LOUIS. T'es tout le temps soupçonneuse, Louisette ! T'as des idées vraiment ridicules des fois. Maman, à son âge avec un homme de vingt ans ! *(Il rit.)* C'est vraiment ridicule. *(Il rit de plus belle.)* Excusez-moi !

GISÈLE. Ben oui, hen ?

LOUIS, *prenant un sandwich.* Vous pis lui ? *(Il rit de plus en plus.)*

GISÈLE. Ben oui !

LOUIS, *la bouche pleine.* Vous pourriez passer pour sa grand-mère !

LOUISETTE. Mange pas en riant, Louis ! Tu vas t'étouffer !

GISÈLE. Essaye ceux-là au jambon, Louis ! *(Louis s'étouffe.)* Prends-en une au pâté de campagne aussi !

LOUISETTE. Ben, maman, voulez-vous le tuer ?

GISÈLE. Une grosse gorgée de Pepsi, d'un coup !

LOUISETTE. Maman !

GISÈLE, *prenant le sac de la balayeuse.* Traînez-vous vos vidanges au chalet !

Louisette reprend le sac, le lance à Louis et détourne la conversation.

LOUISETTE. Vous nous présentez pas Yannick ?

GISÈLE. Y'est un peu sauvage.

LOUISETTE. On en a vu des pires.

GISÈLE. Y'faut pas y'parler de sa maladie. Yannick, viens ! Je vais te présenter à mes enfants !

VOIX-OFF DE YANNICK. J'arrive, ma crotte !

GISÈLE. Ça sera pas long. Y'est aux toilettes.

LOUISETTE. Comment c'qui vous a appelé ?

GISÈLE. J'ai chaud ! J'irais me baigner. Je traverserais le lac aller-retour au moins dix fois.

Scène 19

YANNICK, *les rejoignant. Très long silence.* Toi, tu dois être le jumeau pis toi, la jumelle !

LOUISETTE. Un p'tit vite !

YANNICK. C'est quoi que vous avez comme char ?

LOUIS, *fasciné par Yannick.* Enchanté, Yannick ! Moi, c'est Jetta ! J'veux dire Louis. J'ai une Jetta.

LOUISETTE. Moi, c'est Louisette. J'ai une Sprint.

YANNICK. Ça fait longtemps que vous l'avez vot'Jetta ?

LOUISETTE. Ça vous fait bien du linge !

YANNICK. Quand je me sens contrarié, je me débarrasse de mon linge. Ça fait que je me sens plus libre... Vous devriez essayer ça.

LOUIS. Ben oui, on pourrait essayer ça ? J'veux dire... J'veux dire... Non, on essayera pas ça.

Silence.

YANNICK. Ça nous fait des beaux enfants, hen ? J'veux dire... J'veux dire que t'as des beaux enfants, Gisèle !

Silence.

LOUISETTE. Qu'est-ce que vous faites dans la vie à part mettre le feu... J'veux dire... J'veux dire... Faites-vous quecque chose dans la vie ?

YANNICK. Y'a pas longtemps de ça, j'ai essayé l'école mais...

LOUISETTE. L'école a brûlé ?

YANNICK. Non. Manque d'inscription. J'ai travaillé aussi dans un commerce mais le commerce...

LOUIS. ...a passé au feu ?

YANNICK. Une faillite ! Ces temps-ci, j'travaille dans un garage. Ben... une sorte de garage.

LOUISETTE. J'espère qu'y'ont des assurances.

GISÈLE. On parle. On parle. Asteur que les présentations sont faites, faudrait penser à aller se coucher.

LOUIS. Déjà ?

LOUISETTE. T'étais pas fatigué tantôt ?

LOUIS. J'ai un p'tit relent d'énergie.

LOUISETTE. J'pense que je le connais ton p'tit relent !

GISÈLE. Vous devriez penser à y aller les enfants. Y'sont fins mes enfants ! Faire un aller-retour de plusieurs dizaines de kilomètres juste pour me dire bonsoir ! Bonsoir !

LOUIS. On a apporté tout c'qu'y' faut pour passer la semaine.

YANNICK. C'est au boutte !

GISÈLE, *faux enthousiasme.* C'est pas mal au boutte !

LOUIS. On a des affaires importantes à faire.

GISÈLE. Ah oui ?

LOUIS. Les cendres !

GISÈLE. Les cendres ?

LOUISETTE. Louis !

LOUIS. Ben, les cendres !

GISÈLE. Ah, oui ! Les cendres !

YANNICK. Si on est pour passer la semaine ensemble, on pourrait laisser faire les « vous ».

LOUIS. C'est une bonne idée, Yannick.

YANNICK. Tu peux m'appeler papa si tu veux !

GISÈLE, *soudainement volubile.* Y'reste des sandwichs ! Vite, y'faut finir le plat. Y'a-tu quecque chose de plus agréable à manger que des sandwichs ? Moi, je les préfère au pain blanc. Je sais que c'est pas très nourrissant mais les sandwichs au pain brun, le beurre se graisse mal dessus, surtout quand y'est froid. Plus on graisse le pain brun, plus ça fait des motons, les tranches se brisent...

LOUISETTE. Comment c'qu'on peut l'appeler ?

GISÈLE. Y' en a qui les préfère à la margarine mais j'trouve que ça goûte pas comme le beurre. Je le sais. Je le sais que c'est pas très de santé de couper les croûtes, mais ça pas d'l'air d'un sandwich de fantaisie si tu laisses les grosses croûtes après les tranches de pain. Yannick, va faire d'autres sandwichs !

YANNICK. Le plat est encore plein.

GISÈLE. J'les connais mes enfants ; y'mangent au moins chacun un pain de sandwichs avant de se coucher.

LOUISETTE. Faites-nous donc passer pour des cochons.

GISÈLE. Vite, Yannick !

YANNICK. J'les fais à quoi, ma belle ?

GISÈLE. Ma belle laitue, ma belle tomate, pis y'a de la belle mayonnaise pis... tout ce que tu trouveras dans ma belle frigidaire.

YANNICK. J'mets d'la belle moutarde !

GISÈLE, *à part.* Débarrasse, Yannick !

YANNICK, *voyant le sac d'aspirateur.* Ça se peut-tu les cochonneries qu'on trouve en pleine nature ?

Il jette le sac dans la poubelle près de la galerie.

LOUIS. Non ! Papa !

YANNICK. Là, tu me fais plaisir, mon Louis. *(Yannick entre dans le chalet.)*

Scène 20

LOUISETTE. C'est quoi la prochaine menterie, maman ?

GISÈLE. T'oses dire que ta mère ment ?

LOUISETTE. Oui !

GISÈLE. C'est pas dans mon habitude de vous parler des dossiers de mes clients.

LOUIS. On veut juste savoir pourquoi c'qu'y'veut qu'on l'appelle papa ?

GISÈLE. C'est une histoire triste. J'me souviens pas vraiment comment c'qu'elle commence.

LOUISETTE. Essayez la fin !

GISÈLE. Y'a de ça très très très longtemps... J'prendrais un verre de vin !

LOUIS. J'vais aller vous en chercher un.

GISÈLE. Apporte la bouteille.

Louis va dans le chalet.

Scène 21

LOUISETTE. Pourquoi vous nous dites pas simplement que vous avez une aventure avec lui ?

GISÈLE. J'ai pas d'aventure avec lui.

LOUISETTE. On va comprendre.

GISÈLE. Yannick est un client !

LOUISETTE. Vous êtes sûre que c'est pas vous la cliente ?

GISÈLE. Louisette Cloutier !

LOUISETTE. Y'a des femmes qui se font exploiter par des gigolos.

GISÈLE. T'écoutes trop *Claire Lamarche*, toi !

LOUISETTE. J'trouve que Yannick a le profil idéal de l'exploiteur de femme d'âge mûre, de veuve fraîche....

GISÈLE. Tu sais bien qu'à mon âge on tombe pas dans les bras d'un homme comme ça. C'est pas parce qu'y'a des yeux qui feraient tomber n'importe quelle femme, un sourire qui vous chavire le cœur, des mains tendres comme du satin qu'y peut m'intéresser. Y'me laisse totalement indifférente.

Scène 22

Louis revient avec une bouteille de vin. Il casse la cigarette de Louisette.

LOUIS. Yannick est vraiment intéressant !

Gisèle prend une gorgée de vin à même la bouteille.

GISÈLE. Yannick a mis le feu à la maison de ses parents. *(Une autre gorgée.)* Son père est mort dans l'incendie. Depuis c'temps-là, y'veut qu'on l'appelle papa comme pour se déculpabiliser de la mort de son père.

LOUIS. Mais c'est un monstre !

GISÈLE, *une autre gorgée.* Eh oui, mon Louis, un monstre ! Vous devriez voir son casier judiciaire ! Épais comme un bottin téléphonique ! Nommez-le, y' l'a faite !

Scène 23

Yannick revient avec tout ce qu'il faut pour faire les sandwichs.

YANNICK. J'espère qu'y'a tout ce qu'y' faut !

LOUIS. Yannick ! J'veux dire... papa ! Maman nous a tout dit.

YANNICK. Tu vois, c'était pas si compliqué à dire, Gisèle.

LOUISETTE. Elle nous a tout raconté.

YANNICK. On dirait que vous le prenez mal ?

LOUIS. Ben ? ! ?

YANNICK. Jusqu'asteur, je regrette rien.

LOUISETTE. C'est dégueulasse !

YANNICK. Je sais que c'est le genre d'histoire auquel le monde est pas très habitué, mais moi j'trouve ça beau.

LOUIS. C'est monstrueux !

YANNICK. J'trouve que c'est une belle folie ! C'est un peu le feu de la passion.

LOUIS. Aucun remord !

YANNICK. Pourquoi ? Gisèle, arrête de boire, tu vas être saoule !

LOUIS. Moi j'en ai assez entendu. J'vais me coucher. Viens Louisette, on va aller chercher les bagages. *(Ils sortent.)*

Scène 24

YANNICK. Soulagée de leux avoir dit ? Pitoune ?

GISÈLE. Les pitounes sont en train de flotter sur la rivière. Appelle-moi plus comme ça !

YANNICK. Qu'est-ce qu'y' a, mon poussin ?

GISÈLE. Laisse faire la basse-cour aussi.

YANNICK. T'as pas à avoir honte de leux avoir dit qu'on s'aimait. C'est un choc pour eux autres mais ça va passer.

GISÈLE. Je sais plus combien de menteries j'ai inventées à soir. Tout ce que je me souhaite, c'est de m'en rappeler.

YANNICK. Quelles menteries ?

GISÈLE. Les jumeaux savent encore rien sus nous deux !

YANNICK. Qu'est-ce qu'y' savent d'abord ?

GISÈLE. Des histoires que j'ai inventées sur ton passé.

YANNICK. Quelles histoires ?

GISÈLE. Tu les découvriras par toi-même. J'te dois ben ça.

YANNICK. J'ai fait quecque chose de pas correct ?

GISÈLE. Papa !

YANNICK. J'ai été un peu vite. C'est quoi les menteries sur mon passé ?

GISÈLE. J'te suggère de répondre affirmativement à tout ce qu'y' vont t'apprendre sur ton monstrueux passé.

YANNICK. Tu me punis !

GISÈLE. Les jumeaux vont coucher dans leux lit respectif, moi dans le mien...

YANNICK. Pis moi ?

GISÈLE. Su'a galerie !

YANNICK. Tu veux vraiment pas qu'y' le sachent, hen ?

GISÈLE. J'ai pas envie que ma famille, que mes relations, que mes voisins se mêlent de mes amours, c'est-y clair ? Le plus beau secret que j'ai eu dans ma vie, c'est toi pis je tiens à le garder !

YANNICK. Moi qui trouvais les femmes de vingt ans compliquées ! *(Prenant la bouteille des mains de Gisèle.)* J'vas aller prendre une marche. Ça va me calmer.

GISÈLE. C'te coup-là, garde ton linge sus l'dos !

Yannick sort.

Scène 25

GISÈLE. Fred Cloutier, tu dois être écrasé de rire? Continue à compliquer les affaires comme ça pis demain j'me sers de tes cendres pour allumer le charcoal! Là, y' faut plus que j'invente une seule menterie.

Scène 26

Louisette revient avec ses valises. Napoléon apparaît avec un chat.

NAPOLÉON. J'pense que j'ai retrouvé Yannick!

GISÈLE, *sans voix.* C'est pas lui, Monsieur Napoléon. C'est pas lui!

LOUISETTE. Yannick?

DEUXIÈME PARTIE

Scène 1

Milieu de la nuit. Tonnerre et éclairs au loin.

YANNICK, *sur la galerie.* Gisèle, ouvre-moi !

GISÈLE, *derrière le moustiquaire.* On avait pas prévu des grandes chaleurs ?

YANNICK. C'est quoi que t'as dans' face ?

GISÈLE. Du yogourt !

YANNICK. C'est quoi comme accident, y'a pas de lumière dans ton frigidaire ? Y'a mouillé !

GISÈLE. Tu m'as réveillée pour me dire qu'y'a mouillé ?

YANNICK. J'suis trempé !

GISÈLE. Pas moi !

YANNICK. J'ai froid !

GISÈLE. Pas moi !

YANNICK. J'vas attraper une grippe !

GISÈLE. Tant mieux.

YANNICK. Fais-moi entrer !

GISÈLE. Pas question !

YANNICK. Fais-moi entrer !

GISÈLE. Bonne nuit !

YANNICK. J'm'excuse d'avoir demandé à tes enfants de m'appeler papa !

GISÈLE. C'est toute ? *(Feignant de refermer la porte.)* Bonne nuit !

YANNICK. J'vas faire semblant que ce que t'as inventé sur mon passé c'est vrai.

GISÈLE, *ouvre la porte.* J'aime mieux ça. Fais pas de bruit !

YANNICK. Un chat ! J'vas être un chat !

GISÈLE. N'importe quoi mais pas un chat ! Oùsque tu vas coucher ?

YANNICK. Dans tes bras.

GISÈLE. J'ai pas compris !

YANNICK. Dans tes bras !

GISÈLE. Tu vas coucher sur le sofa.

YANNICK. Y'est ben trop p'tit ! Pourquoi pas avec toi ?

GISÈLE. Quand y'seront partis.

YANNICK. On va faire chambre à part toute la semaine ?

GISÈLE. C'est pas facile pour moi non plus.

YANNICK. Si tu leux disais la vérité, aussi.

GISÈLE. Veux-tu retourner dehors ?

Temps.

YANNICK. J'peux-tu t'embrasser ?

GISÈLE. Si t'aimes les bleuets.

YANNICK, *lui léchant le visage.* J'te mangerais au complet.

GISÈLE. Le reste du pot est dans le frigidaire. Arrête ! C'est pour faire disparaître mes rides.

YANNICK. Quelles rides ?

GISÈLE. L'état des routes du Québec que j'ai dans' face !

YANNICK. Parle-moi des routes, des chars, ça m'excite !

GISÈLE. Va te coucher.

YANNICK. Déjà ? J'm'étais gardé la belle talle de bleuets que t'as sur le bord de l'œil. Gisèle ?

GISÈLE. Quoi ?

YANNICK, *chuchotant.* J't'aime !

GISÈLE. Grand fou !

YANNICK. Ma belle pitoune !

GISÈLE. Mon beau minou !

YANNICK. Ma belle crotte d'amour !

Ils disparaissent.

Scène 2

Éclairs, tonnerre. Louisette sort du chalet, et elle prend une cigarette dans son paquet.)

LOUISETTE. C'est ma dernière ! *(Lisant sur son paquet.)* L'usage du tabac est la principale cause du cancer du poumon. *(Délaissant son paquet.)* L'usage du tabac peut causer des problèmes cardiaques, l'usage du tabac réduit l'espérance de vie. Un jour, ça va être écrit tellement gros sur les paquets qu'on va demander ; j'aimerais avoir une CAUSE DE CANCER, EXTRA-LÉGÈRE, s'il vous plaît. *(Elle va jeter son paquet dans la poubelle.)* Ça va, papa ? J'sais que c'est pas très respectueux mais dans la poubelle vous éveillez aucun soupçon ! Vous avez jamais voulu que je fume... Vous l'saviez que j'avais un tête de cochon. C'est de vot'faute ! Vous auriez dû me dire ; « Fumes, Louisette ! Fumes ! » J'aurais fait le contraire ! *(Fumant.)* Ma belle crotte d'amour ! *(Fumant.)* Mon beau p'tit minou ! Papa, maman nous prend pour des valises. *(La poubelle tombe par terre comme par magie.)* Vous avez raison ! J'm'en vas savoir le fond des choses !

ENTRACTE

elle s'isole → préservé sa propre vie

TROISIÈME PARTIE

Scène 1

Le lendemain, à six heures du matin. Il fait un temps superbe. On entend les oiseaux. Tout est calme et serein. Monsieur Napoléon entre avec une planche de bois et sa scie électrique. Il s'installe et coupe la planche.

GISÈLE, *vêtue d'un drap. Les cheveux roux.* Monsieur Napoléon !

NAPOLÉON. Vous avez retrouvé vot'voix ?

GISÈLE. Monsieur Napoléon !

NAPOLÉON. Vot'chat est-tu revenu ?

GISÈLE. Monsieur Napoléon !

Elle débranche la scie ronde.

NAPOLÉON. Vous êtes belle en « tabarne » dans vot'drap. Hier soir, dans le film *Emmanuelle douze*, y'avait plein de belles femmes avec des draps sur le dos pis à un moment donné, y's'est mis à mouiller. Y'étaient encore plus belles. *(Regardant Gisèle.)* C'est de valeur, y'ont annoncé du soleil toute la journée. Vous avez encore changé la couleur de vos cheveux ? C'est pas de mes affaires mais vous allez vous brûler le coco à force de vous teindre comme ça !

GISÈLE. Savez-vous quelle heure qu'il est ?

NAPOLÉON. Six heures douze, précisément, madame Gisèle. Pis fiez-vous à ma montre. Elle a jamais fait défaut. C'est une « Rolmex ». Waterproof, anti-choc, numérique au quartz. Affichage douze ou vingt-quatre heures. J'ai même un chronomètre dessus. Un centième de seconde jusqu'à trente heures, mémoire de trente jours, mise en marche automatique. Demande-moi quecque chose, j'vas le « timer ».

GISÈLE, *lui indiquant le lac.* Seriez-vous capable de faire une grosse demi-heure sous l'eau ?

NAPOLÉON. Y'ont annoncé jusqu'à trente-quatre pour aujourd'hui. La plage va se remplir de belles femmes en bikini.

GISÈLE. J'en porte pas, moi.

NAPOLÉON, *excité.* Oh la belle journée qu'on va avoir !

GISÈLE. Voulez-vous ben me dire c'que vous faites avec votre arsenal sur mon terrain à six heure douze...

NAPOLÉON. Treize ! Ben, hier soir j'ai remarqué que vot'galerie penchait un peu.

GISÈLE. Ma galerie est parfaitement droite.

NAPOLÉON. V'nez voir. *(Il prend un niveau.)* R'gardez la p'tite bulle. R'gardez-la, la p'tite « tabarne ». Rapprochez-vous un peu.

GISÈLE. J'la vois très bien d'ici.

NAPOLÉON. Vous voyez c'qu'elle fait ?

GISÈLE. Monsieur Napoléon, j'ai assez de préoccupations comme ça sans me soucier des comportements d'une p'tite bulle. Je l'aime comme ça ma galerie. On va mettre un p'tit morceau de bois pis une couche de peinture pis elle va être comme neuve !

NAPOLÉON. C'est pas en faisant des flattages de surface qu'on entretient les vieilles affaires.

GISÈLE. Vous avez le don de me remonter le moral !

NAPOLÉON. Soyez pas gênée que je vous donne un p'tit coup de main !

Il rebranche sa scie et la redémarre.

GISÈLE. Monsieur Napoléon, mes enfants dorment !

NAPOLÉON. V'nez tenir la planche !

GISÈLE. Vous êtes pas sérieux ?

NAPOLÉON. V'nez ! *(Rageuse, elle y va. Il en scie un morceau.)* La musique que fait ma scie ronde, j'pourrais pas m'en passer. C'est comme une chanson.

GISÈLE. Vous êtes ben fin mais y' faudrait faire ça un peu plus tard.

NAPOLÉON, *arrête sa scie.* Vous me trouvez fin ?

GISÈLE. Un cœur, monsieur Napoléon !

NAPOLÉON. Un mot doux de plus pis j'vous construis un patio avant la fin de la journée !

GISÈLE. Vous seriez UN AMOUR si vous attendiez jusqu'à midi avant de refaire mon chalet.

NAPOLÉON. Je serais un quoi ?

GISÈLE. UN AMOUR !

NAPOLÉON, *mettant en marche son chronomètre.* À midi, j'vas être au poste comme un seul homme.

GISÈLE. C'est ça, à midi !

Il sort.

Scène 2

Louis sort du chalet avec un tamis et une boîte.

GISÈLE. Bonjour, Louis !

LOUIS. Y'est parti « le castor bricoleur » ?

GISÈLE. Y'va revenir à midi. Not'galerie a un conflit de personnalité avec une p'tite bulle.

LOUIS. Hen ?

GISÈLE. T'es matinal.

LOUIS. J'ai beaucoup de travail.

GISÈLE. C'est quoi c'te boîte-là ?

LOUIS. Les cartes de remerciements.

GISÈLE. Remerciements ?

LOUIS. Les cartes de remerciements pour le décès de papa.

GISÈLE. On a du monde à remercier de la mort de ton père ? *(Temps.)* T'as pas le sens de l'humour à matin !

LOUIS. J'ai pas fermé l'œil de la nuit.

GISÈLE. T'as mal digéré les sandwichs d'hier soir ?

LOUIS. Non. Yannick est venu se coucher dans mon lit.

GISÈLE. Ah, oui ?

LOUIS. Y'a un sommeil agité, Yannick ?

GISELE. Ben oui pis des fois y'va jusqu'à...

LOUIS. Jusqu'à ?

GISÈLE. Comme ça, y'a un sommeil agité ? J'ai pas vu ça dans son dossier. J'vas aller me recoucher.

Elle entre dans le chalet.

Scène 3

Louis retire le sac de cendres de la poubelle. Il ne voit pas Napoléon qui est revenu avec son galon à mesurer.

LOUIS. V'nez, papa. Mon Dieu que vous sentez pas bon à matin. Vous êtes vous fait des amis dans la poubelle ? En tous cas, y'a une canne de jus de tomates qui avait d'l'air à vous trouver de son goût. Ça sera plus très long. J'vas vous sortir du sac. Vous allez m'aider par exemple. Quand j'vas presser sur le sac, vous allez pousser vous aussi. J'vas mettre le tamis juste en dessous de vous, pis on va enlever toutes les cochonneries qui vont pas avec vous.

NAPOLÉON. À qui tu parles, mon p'tit Louis ?

LOUIS, *surpris.* Vous avez manqué de me faire mourir !

NAPOLÉON. À qui tu parles ?

LOUIS. À mon père !

NAPOLÉON. Oùsqu'y'est ?

LOUIS. Dans le sac.

NAPOLÉON, *blaguant.* Allô, Fred !

LOUIS. Faut pas le dire à maman.

NAPOLÉON. J'suis quand même pas assez fou pour aller dire ça à ta mère.

LOUIS. Vous comprenez pas ?

NAPOLÉON. J'comprends qu'y' te manque une vis !

LOUIS. Not'père est mort, ça fait cinq mois.

NAPOLÉON. Ben, oui ! Pis moi j'fais d'la broderie dans mes temps libres. Tu me prends pour qui ? Ta mère m'a dit hier soir que ton père était en parfaite santé.

LOUIS. Elle a dû vous raconter des histoires.

NAPOLÉON. Ben, entre toi qui parles à un sac d'électrolux pis ta mère, j'préfère croire c'que me dit ta mère.

LOUIS. Maman vous a dit qu'y' était toujours vivant ? *(Présentant une carte de remerciements.)* Lisez donc ça !

NAPOLÉON, *lisant.* « Madame Gisèle Gélinas-Cloutier et ses enfants, Louisette et Louis tiennent à vous remercier, cher... » « Cher », qui ?

LOUIS. Y'faut écrire le nom à qui on l'envoie.

NAPOLÉON. « ... lors du décès de... Alfred Cloutier. »

LOUIS. Vous me croyez là ?

NAPOLÉON. Pis l'sac ?

LOUIS. Y'est arrivé un accident pis y'a fallu ramasser papa avec la balayeuse !

NAPOLÉON. Attends un peu ! C'était quoi comme accident ? Parce que ramasser quecqu'un à' balayeuse, y'faut que ça l'aye frappé fort en « tabarne » !

LOUIS. Ses cendres, monsieur Napoléon, on a échappé ses cendres après l'incinération.

NAPOLÉON. Dis-moi donc pourquoi c'qu'y' faut que tu les passes au tamis ?

LOUIS. Pour qu'elles soient propres avant de les jetter dans le lac.

NAPOLÉON. Pauv'Fred, si y'faut qu'y' se réincarne, y'va avoir les morceaux pas mal mêlés.

LOUIS. Après qu'on va l'avoir jeté dans le Lac aux Sangsues, y' va être en paix, pis moi aussi.

NAPOLÉON. Attends un peu. Si ton père est mort, ça veut dire dire que ta mère est veuve ?

LOUIS. Madame *feu* Alfred Cloutier.

NAPOLÉON. Ça veut dire qu'est libre ! On va t'avoir une « tabarne » de belle journée. *(Il ramasse son arsenal à la presse. On entend la sonnerie du téléphone à l'intérieur du chalet.)*

LOUIS. Vous avez ben l'air pressé, tout d'un coup ?

NAPOLÉON, *dessinant dans le vide.* Là, on va mettre une rangée de six fenêtres, des Perglas-thermost. Sur le toit, on va mettre des tuiles d'ardoise pis là... Ça va être la plus belle rallonge entre deux chalets qu'on aura jamais vue ! J'me sens inspiré. Faut que je passe à' quincaillerie.

Il quitte.

Scène 4

Louisette, endormie, sort du chalet au beau milieu d'une conversation téléphonique.

LOUISETTE. Oui ma tan... Oui... ma tan... Ma tan... Ma tan... *(Elle pince Louis.)*

LOUIS. Ayoye !

LOUISETTE. J'vous rappelle plus tard. Louis, s'est encore fait mal.

Elle raccroche.

LOUIS. Ça fait mal !

LOUISETTE. Y'est parti, « monsieur Dismat » ?

LOUIS. Y'est allé à la quincaillerie.

LOUISETTE. J'ai hâte de le revoir. J'y ai toujours trouvé un p'tit quecque chose.

LOUIS. J'savais pas qu'un coffre à outils pouvait t'exciter ?

LOUISETTE. Oùsqu'y'est allé ?

LOUIS. Chercher c'qui faut pour bâtir une rallonge entre les deux chalets.

LOUISETTE. Une quoi ?

LOUIS. Maman y'a pas dit que papa était mort. Quand j'y ai appris qu'elle était veuve, ç'a rallumé sa flamme.

LOUISETTE. Parlant de flamme, oùsqu'y' est Yannick ?

LOUIS. Y'dort !

LOUISETTE. Ah, oui ? Où ça ?

LOUIS. J'ai apporté les cartes de remerciements.

LOUISETTE. Dans quel lit y'a dormi ?

LOUIS. Y'faut les remplir pis les poster.

LOUISETTE. Un jus d'orange avec ça ? T'as l'don de nous partir une journée. *(Elle prend une carte.)* Cout'donc, as-tu pris la photo quand y'était dans sa tombe ?

LOUIS. Qu'est-ce qu'elle a sa photo ?

LOUISETTE. Avec une photo comme ça, y'a personne qui va le regretter.

LOUIS. Ça prenait une photo sérieuse. Les morts sur les cartes mortuaires qui ont un sourire, ça d'l'air de dire, faites-vous en pas, vot'tour va venir !

LOUISETTE. T'aurais dû prendre une autre photo.

LOUIS. T'aurais dû t'en occuper !

LOUISETTE. On est pas de bonne humeur à matin ?

LOUIS. Avec la nuit que j'viens de passer...

LOUISETTE. Raconte ! *(Elle commence à signer les cartes de remerciements.)*

LOUIS. Tu riras pas de moi.

LOUISETTE. Si c'est drôle !

LOUIS. J'te le raconte pas.

LOUISETTE. J'rirai pas.

LOUIS. Yannick a couché avec moi.

LOUISETTE. Avez-vous pris vos précautions ? Vous êtes-vous servi d'un... ?

LOUIS. Y'bouge, y'se colle, y'flatte, y'dit des mots d'amour...

LOUISETTE. Qu'est-ce qu'y' te disait ?

LOUIS. Ma pitoune, ma crotte d'amour...

LOUISETTE. Tu devais aimer ça ?

LOUIS. Franchement !

LOUISETTE. Et que t'es niaiseuse !

LOUIS. Depuis quand tu me parles au féminin ?

LOUISETTE. J'me parlais ! J'ai écrit : « tiennent à vous remercier, chère pitoune ».

LOUIS. Gaspille-les pas ! On en a juste le bon nombre.

LOUISETTE. Pis avez-vous... ? As-tu eu besoin d'un... ? Ben, tu sais ce que je veux dire ?

LOUIS. Y'dormait, Louisette !

LOUISETTE. Ça fait que t'as pas eu besoin de te servir d'un....

LOUIS. Je sais pas si y'est...

LOUISETTE. Ah, tu sais pas si... ? J'pensais que vous l'saviez tout de suite d'instinct ?

LOUIS. Si on le savait tout de suite d'instinct, on aurait moins de peine d'amour pis je serais pas là en train de remplir des cartes mortuaires !

LOUISETTTE. Tu devrais essayer d'y demander.

LOUIS. Pas de relation tant que maman le saura pas.

LOUISETTE. Mais si vous l'aviez fait, vous auriez utilisé un....

LOUIS. Oui, on aurait utilisé un...

LOUISETTE. T'es vraiment idiote !

LOUIS. T'es insultante !

LOUISETTE. J'ai écrit ; « tiennent à vous remercier, cher condom ».

LOUIS. Arrête de les gaspiller ! Là, y'faut décider à qui on en envoie pas.

LOUISETTE. À ma tante Fernande !

LOUIS. Elle nous a tellement fait honte au salon, elle a tellement pleuré qu'on aurait dit que c'était elle la veuve, comme si elle avait partagé tous ses jours avec lui.

LOUISETTE. Peut-être pas ses jours, mais quecques nuits !

LOUIS. Tu veux pas dire que... ?

LOUISETTE. Pourquoi tu penses qu'elle arrête pas d'appeler ici ?

LOUIS. Maman le sait-tu ?

LOUISETTE. Depuis longtemps ! Ma tante voudrait que sa sœur y pardonne.

LOUIS. Tu me dis ça calmement devant les restes de papa ?

LOUISETTE. Veux-tu savoir la meilleure ? J'ai surpris une conversation cette nuit entre maman pis Yannick ! Maman aussi s'appelle Pitoune !

LOUIS. Je te crois pas !

LOUISETTE. Maman nous ment à tour de bras.

LOUIS. J'te défends de traiter maman de menteuse !

LOUISETTE. Yannick mangeait le yogourt que maman avait dans' face, du yogourt aux bleuets.

LOUIS. Ma tante Fernande couchait avec mon honorable père, t'as un œil sur le roi du bricolage pis comme si c'était pas assez, Yannick mange du yogourt aux bleuets dans' face de maman ? *(Exaspéré.)* Fume-z-en une, Louisette ! Fume-z-en même deux pis arrête d'halluciner.

LOUISETTE. Tu m'énerves avec ton tamis. Passe-moi le sac. Donne-moi l'urne aussi. J'ai une meilleure idée !

Scène 5

Elle entre dans le chalet, elle croise Yannick habillé seulement d'un boxer et ayant une bouteille d'huile à bronzer à la main.

YANNICK. Bonjour, Louisette !

LOUISETTE. Bonjour, papa !

YANNICK. Oùsque tu vas avec tes vidanges ?

LOUISETTE. De quoi je me mêle, papa ?

YANNICK. T'es pas l'air de très bonne humeur à matin !

LOUIS. La troisième journée sans cigarette, c'est la pire.

YANNICK. J'sais pas comment allumer le poêle.

LOUISETTE. Tu sais, not'chalet, même si on y vient pas souvent, on y tient. J'vas m'occuper du poêle.

YANNICK. Comme tu veux !

LOUISETTE. Sois gentil avec Louis, le lendemain de la première nuit, c'est toujours délicat.

YANNICK. Hen ?

Elle disparaît.

Scène 6

Yannick s'enduit le corps d'huile. Louis écrit sur les cartons.

YANNICK. Y'fait déjà chaud ! As-tu bien dormi ?

LOUIS. Non. Toi ?

YANNICK. Très bien. J'ai pas trop bougé ?

LOUIS. Oui, beaucoup.

YANNICK. T'es pas mal chaud.

LOUIS. Pardon ?

YANNICK. T'as le corps chaud.

LOUIS. J'm'excuse.

YANNICK. C'était pas désagréable.

LOUIS. J'me sens mal.

YANNICK. Comme j'ai pris une douche sous la pluie, j'étais gelé pis ton lit était chaud. Veux-tu me huiler le dos ?

LOUIS. Tu veux que... Tu trouves pas que c'est un peu tôt pour se huiler ? On se connaît pas vraiment... J'veux dire... C'est devenu tellement dangereux de se faire bronzer... J'veux dire...

YANNICK. À part bouger, j'ai rien fait d'autre ? *(Louis fait signe que oui.)* J'ai pas essayé... Y'faut que je dorme tout seul, j'le sais. Tu trouves rien à dire ?

LOUIS. Tu devais être populaire en prison.

YANNICK. Comme ça, j'ai essayé... J'ai seulement essayé ? J'suis désolé !

LOUIS. Moi aussi ! *(À part.)* Maman l'apprendra ben un jour ! Vas-y, mon Louis ! *(Quittant son travail, il va vers Yannick.)* Passe-moi l'huile. *(Il lui huile le dos.)*

Scène 7

LOUISETTE. Louis, j'voulais savoir... *(Les regardant.)* Excusez !

LOUIS, *soudainement très viril et massant très fort.* As-tu vu les nouveaux « quatre par quatre » ? Y'a un méchant chassis en dessous de ça.

YANNICK. Oui, j'en ai déjà volés... j'en ai déjà eu un.

LOUIS. Les « dix roues » y'ont-tu encore des problèmes hydrauliques comme y'en avaient avant ? Tu voulais savoir quelque chose Louisette ?

LOUISETTE. Ben, j'en apprends pas mal, là. J'voulais que tu viennes m'aider pour les cendres mais j'vas te laisser à tes occupations.

YANNICK. Moins fort, tu vas m'arracher le dos.

LOUIS. Y'faut que ça pénètre !

LOUISETTE. Oubliez pas de prendre un...

Elle disparaît.

Scène 8

YANNICK. J'ai-tu parlé durant mon sommeil ?

LOUIS. C'est qui Pitoune ?

YANNICK. Une amie ! J'peux pas dire son nom.

LOUIS. Louisette pense que c'est maman !

YANNICK, *faussement enjoué.* Non ! C'est quelqu'un dont j'peux vraiment pas dire le nom. C'est délicat.

LOUIS. C'est ça que je pensais. Pour que personne le sache, moi aussi j'leux donnais des noms féminins.

YANNICK. Hen ?

LOUIS. Ça dû être dur ton enfance !

YANNICK. Quoi ?

LOUIS. Quand tu t'es aperçu que ton père avait brûlé dans la maison à laquelle t'avais mis le feu, tu t'es senti comment ?

YANNICK. Mon père ? La maison ?

LOUIS. Tu peux m'en parler, on est un peu semblable.

YANNICK. Semblable ?

LOUIS. Moi aussi je trouve que t'as le corps chaud !

mensonge – fait beaucoup du démage

YANNICK, *se dégageant.* J'pense que j'suis assez huilé, moi-là !

LOUIS. Maman nous a tout dit !

YANNICK. Ah, oui ?

LOUIS. Ta mère, elle, elle a dû trouver ça difficile ?

YANNICK, *mentant.* Seulement quecques secondes !

LOUIS. Tu veux pas dire que ta mère aussi... ?

YANNICK, *improvisant.* Les pompiers ont sauvé rien que le chien de Nicole pis la perruche de Lorraine.

LOUIS. Nicole ? Lorraine ?

YANNICK. C'étaient mes sœurs !

LOUIS. Pis on te laisse en liberté coucher avec n'importe qui ?

YANNICK. C't'affreux, hen ?

Scène 9

Napoléon entre.

NAPOLÉON. Louis, va dire à ta mère que j'ai trouvé Yannick !

YANNICK. La Buick '72 ! *(Il se jette sur le sable, face contre terre.)*

LOUIS. Maman, monsieur Napoléon a trouvé... qui ?

NAPOLÉON. Le beau p'tit Yannick ! Je l'ai flatté un peu.

LOUIS. Monsieur Napoléon ? ! ?

NAPOLÉON. Ben, j'aime ça en flatter un de temps en temps.

LOUIS. Monsieur Napoléon !

NAPOLÉON. La plupart des voisins aiment mieux les chiens.

LOUIS, *scandalisé.* Au Lac aux Sangsues ? ! ?

NAPOLÉON. Moi, je préfère les gros minous !

LOUIS. Mais où s'en va le monde ? Vous m'avouez comme ça que vous flattez Yannick pis y'a pas quecques minutes vous étiez prêt à faire une rallonge entre vous pis maman ?

YANNICK, *la tête dans le sable.* Une quoi ?

LOUIS. Une rallonge.

YANNICK. J'vas y'en faire une rallonge !

NAPOLÉON. Vous avez d'la visite ? Bonjour, moi, c'est Napoléon Bonneau. Vous ?

LOUIS. Vous le reconnaissez pas ? Faut dire que là, j'sais pas pourquoi, y'joue au crabe ?

NAPOLÉON. J'devrais le connaître ?

LOUIS. Gênez-vous pas devant moi.

On entend le son de la balayeuse à l'intérieur du chalet.

NAPOLÉON, *poursuivant son histoire.* J'l'ai laissé dans mon chalet.

LOUIS. Qui ça ?

NAPOLÉON. Le chat que ta mère a perdu hier soir, « Yannick » !

LOUIS. Maman vous a dit que Yannick, c'était son chat ?

On entend le cri de Louisette à l'intérieur du chalet. Le son de la balayeuse s'arrête. Louisette, ahurie, sort du chalet couverte des cendres. Gisèle sort. Elle a un masque de beauté, vert. Louisette voyant sa mère crie à nouveau.

Scène 10

LOUIS. C'est pas vrai ? Réponds, Louisette !

GISÈLE. C'est quoi cette histoire de balayeuse à six heures trente...

NAPOLÉON. Trente et une...

GISÈLE. Vous êtes encore là, vous ? Vot'chronomètre fonctionne mal ? J'vous ai dit à midi !

NAPOLÉON. Voulez-vous ben me dire, c'est quoi que vous avez dans' face ?

GISÈLE. Un masque de beauté !

NAPOLÉON, *riant.* Êtes-vous sûre d'avoir lu comme y'faut c'qu'y' était écrit sur la boîte ?

GISÈLE. Le chalet est plein de poussière !

LOUIS. On voulait faire du ménage pour te faire une surprise, hen Louisette ? *(Louisette ne répond pas.)*

GISÈLE. Vous commencez à avoir un drôle de don pour les surprises ! Cout'donc, Louisette, on dirait que t'as vu le fantôme de ton père ?

LOUIS. En tous cas, elle l'a jamais senti si proche ! On va aller ramasser, hen, Louisette ?

LOUISETTE. Je veux une cigarette !

LOUIS. Tu trouves pas que ça te fait assez de cendres comme ça.

NAPOLÉON. Moi, j'pense que la balayeuse ça doit avoir rapport avec vot'mari...

LOUIS. Monsieur Napoléon !

NAPOLÉON. La balayeuse... Le sac... Les cendres...

GISÈLE. J'pensais pas que le soleil tapait si de bonne heure ! Achetez-vous un chapeau, monsieur Napoléon.

LOUIS. Ouais !

NAPOLÉON, *riant.* Y'prend pas de vacances vot'mari ? Travailler comme ça, y' va se tuer !

GISÈLE, *mal à l'aise.* C'est un gros contrat qu'y'a eu.

LOUIS. C'est quoi que vous racontez là ?

YANNICK, *toujours contre terre.* Un autre mensonge, Gisèle, lâche pas !

GISÈLE. D'où ça vient c'te voix-là ?

LOUISETTE. Sûrement pas vot'conscience !

NAPOLÉON. Ça vient de l'homme sus vot'plage ! On a pas encore été présenté. Tantôt, j'étais venu vous dire que j'avais peut-être retrouvé vot'Yannick pis...

GISÈLE. V'nez en dedans, y'me reste de belles sandwichs d'hier soir.

YANNICK, *se relevant.* C'est assez les menteries ! Bonjour, monsieur Bonneau !

NAPOLÉON. « Tabarne », c'est mon voyou !

GISÈLE. Un délinquant !

LOUIS. Non, j'pense que c'est vot'chat !

GISÈLE. J'ai pas besoin de vous présenter ?

NAPOLÉON. Qu'est-ce qu'y' fait ici ?

GISÈLE. Ben, c'est pas de vos affaires !

YANNICK. J'vas vous le dire ce que je suis venu faire. J'suis venu passer une fin de semaine d'amoureux.

NAPOLÉON-LOUISETTE-LOUIS. Avec qui ?

Temps.

YANNICK. J'le sais pus vraiment !

NAPOLÉON. Vous m'avez fait croire que vot'mari était vivant quand y'était mort, vous m'avez inventé un chat qui s'appelait Yannick... J'étais prêt à nous faire une belle rallonge. Vous me decevez, madame Gisèle. Vous me décevez beaucoup.

Napoléon s'en va.

Scène 11

LOUIS. Viens, Louisette, on va aller ramasser.

GISÈLE. Vous touchez à rien. Une bonne chaudière d'eau pis un peu de « monsieur Net »...

LOUIS. NON !

GISÈLE. T'aimes pas le « monsieur Net » ?

YANNICK. Pourtant y'est bâti pis son p'tit anneau à l'oreille, c'est rendu ben à' mode.

LOUIS. Toi, laisse faire ! On va nettoyer nos dégâts nous-mêmes.

LOUISETTE. Pauv'monsieur Napoléon !

LOUIS. Viens !

Louis et Louisette entrent dans le chalet.

Scène 12

GISÈLE. J'me sens les joues rouges de honte !

YANNICK. Fais-toi z'en pas, t'as tellement de... dans' face que ça paraît pas !

GISÈLE. Tu m'embrasses pas ?

YANNICK. Où ? Je t'embrasserai quand tu leux auras dit la vérité !

GISÈLE. C'est trop tôt !

YANNICK. Y'doit ben y avoir une âme charitable qui a laissé les clefs sur son char.

GISÈLE. Oùsque tu vas ?

YANNICK. J'm'en vas voler un char ! Les menteries pis moi, ç'a jamais fait bon ménage.

GISÈLE. J'leux dis à midi ! Non, à quatre heures...

YANNICK. Pourquoi pas tout de suite ? En passant, dans le supposé feu de la maison de ma famille, ma mère pis mes sœurs sont mortes aussi.

GISÈLE. Faudrait pas en mettre trop !

YANNICK. Pis cette nuit, j'ai essayé de sauter ton fils !

GISÈLE. Quelle idée t'as eue d'aller te coucher dans son lit ? Tu l'sais comment tu bouges la nuit !

YANNICK. Le sofa était trop p'tit !

GISÈLE. Pauv'Louis, t'as dû y' faire peur.

YANNICK. Y'faire peur ? C'est-y assez innocent une mère quand ça veut ! Gisèle, ton voisin pensait que j'étais un chat, tes enfants pensent que j'ai assassiné ma famille, ton fils pense que j'suis aux hommes, j'commence à avoir des problèmes de personnalité.

GISÈLE, *souriante.* Comme ça, on a pus à inventer de menteries.

YANNICK. J'trouve pus ça drôle !

GISÈLE. C'est trop de bonne heure !

YANNICK. Quand tu leux auras dit, tu me feras signe.

GISÈLE. Y'faut que je me prépare.

YANNICK. Te prépares à quoi ?

GISÈLE. C'est pas facile !

YANNICK. J'imagine que c'est plus facile pour moi ?

GISÈLE. Dis pas ça !

YANNICK. J'vas te le dire c'qui faut pas dire; c'est pas de mon âge que t'as peur, c'est du tien !

GISÈLE. Tu me trouves trop vieille ?

YANNICK. T'es en train de t'enlaidir à force de vouloir avoir l'air jeune. Quand c'est pas une gibelotte que tu te mets dans' face, c'est une nouvelle perruque sua tête.

GISÈLE. Moins fort ! Y'a personne qui a remarqué que c'était des perruques. J'le savais que ça pouvait pas durer ! Ramasse tes affaires pis va-t-en !

YANNICK. J'vas les ramasser mes affaires pis j'vas m'en aller. *(Silence.)* Je t'aime !

GISÈLE. C'est pas le temps de parler de ça.

YANNICK. Vas-tu finir par me dire une seule fois que tu m'aimes.

GISÈLE. C'est trop tôt !

YANNICK. J'm'en vas !

GISÈLE. C'est ça, va-t-en ! C'est mieux comme ça ! *(En larmes, elle entre dans le chalet.)*

Scène 13

YANNICK. Les femmes ! ! ! Elles ont beau avoir vingt ans, trente ans, cinquante ans, leux intrigues, leu'coquetterie, c'est toujours la même affaire, toujours en train de se demander c'que les autres vont dire ! C'est fini ! J'm'intéresse pus aux femmes.

Scène 14

Louisette en tenue de plage sort du chalet.

YANNICK. T'es belle en maudit dans c'te linge-là !

LOUISETTE. Ben Hur, arrête ton char !

YANNICK. On peut même pus dire à une fille qu'on la trouve belle sans qu'elle s'imagine des choses.

LOUISETTE. Avec toi, on a pas besoin d'imaginer ! Des beaux mots, des compliments, des pitounes d'un bord pis des crottes de l'autre pis on tombe dans tes bras comme des pommes à l'automne ? Ton charme fonctionne peut-être sur ma mère, sur mon frère, mais pas sur moi.

YANNICK. De quoi tu parles ?

LOUISETTE. J'aime pas les menteurs pis les hypocrites.

YANNICK. Moi non plus !

LOUISETTE. J'aime pas voir mon jumeau souffrir.

YANNICK. J'voulais pas.

LOUISETTE. Tu l'as tellement troublé qu'y'est en train d'arracher l'étiquette de « monsieur Net » avec ses larmes.

YANNICK. Je dormais !

LOUISETTE. J'aime pas voir ma mère souffrir !

YANNICK. Elle souffre ?

LOUISETTE. 'Est entrée toute triste dans le chalet.

YANNICK. 'Était vraiment triste ?

LOUISETTE. Elle avait des grosses larmes qui dégoulinaient sur son masque de beauté.

YANNICK, *attendri.* Ça devait être déchirant ?

LOUISETTE. C'était dégueulasse ! Pis ce que j'aime le moins, c'est de pas fumer ! ! !

YANNICK. J'ai quelque chose d'important à te dire.

LOUISETTE. Vas-y !

YANNICK. Tu riras pas de moi ?

LOUISETTE. Si c'est drôle !

YANNICK. J'le dis pas !

LOUISETTE. Vas-y, je rirai pas.

YANNICK. J'ai une relation avec ta mère depuis deux mois.

LOUISETTE. J'le savais. J'vous ai surpris en train de vous licher le yogourt cette nuit.

YANNICK. J'ai toujours voulu que vous le sachiez mais Gisèle refuse.

LOUISETTE. Pourquoi ?

YANNICK. Au début, je pensais que c'était parce que ça vous aurait choqués, après j'me suis dit que c'était à cause de mon casier judiciaire...

LOUISETTE. Coucher avec un assassin, je serais ben la dernière à en parler.

YANNICK. J'ai mis le feu à nulle part pis j'ai tué personne.

LOUISETTE. Encore des menteries de maman ?

YANNICK. J'pense que c'est à cause de son âge mais j'suis pas sûr. On dirait qu'y'a aut'chose. J'ai tellement pas d'expérience avec les femmes que je sais pas comment y parler.

LOUISETTE. C'est pas ta première blonde ?

YANNICK. J'ai dit que je savais pas parler aux femmes, pas aux filles.

LOUISETTE. Une femme, pour toi, c'est quel âge ?

YANNICK. Pas avant quarante ans.

LOUISETTE. Avant ?

YANNICK. Avant c'est des filles; aucune expérience de la vie mais ça pense tout savoir. C'est achalant !

LOUISETTE. C'est vrai que t'as pas le tour de parler aux femmes.

YANNICK. Moi, j'voudrais y dire que j'aime ses p'tits plis sous les yeux, que j'aime ses pattes d'oie...

LOUISETTE. Parles-tu de sa démarche ?

YANNICK. Ben non...

LOUISETTE. Y'a-tu quecque chose de plus agréable que d'étriver un amoureux, hen Yannick ?

YANNICK, *n'écoutant plus Louisette.* ... pis le plus beau, c'est ses yeux...

LOUISETTE. Yannick ?

YANNICK. ... des fois, elle a les yeux d'une p'tite fille...

LOUISETTE. Yannick ?

YANNICK. ... pis des fois, des beaux yeux cochons !

LOUISETTE. Yannick ? L'amour rend pas rien qu'aveugle, ça rend sourd aussi.

YANNICK. Chaque fois que j'essaie de savoir pourquoi elle veut pas que vous appreniez notre relation, on se chicane.

LOUISETTE. Je sais que je suis pas encore une vraie femme pis que je pense tout connaître mais j'vas t'aider.

YANNICK. Comment tu vas-t-y prendre pour m'aider ?

LOUISETTE. J'vas y inventer une belle p'tite menterie...

YANNICK. Encore ? C'est de famille ?

LOUISETTE. Toi, tu vas aller la consoler.

YANNICK. Tantôt on s'est encore chicané pis elle pense que je suis parti.

LOUISETTE. C'est encore mieux.

YANNICK. C'est quoi ton idée ?

LOUISETTE. Va te faire aller les biceps quecques heures ailleurs, j'm'occupe de tout.

YANNICK. J'sais pas où aller !

LOUISETTE. Va m'acheter des cigarettes !

Yannick sort. Napoléon entre.

Scène 15

NAPOLÉON. Dis-moi le tout de suite, Louisette. Prends pas de gants blancs. *(Il lui présente un plan.)* Penses-tu qu'elle va aimer ça ?

LOUISETTE. C't'un plan de quoi ?

NAPOLÉON. D'un patio avec les boîtes à fleurs, de la place pour le barbecue, des bancs intégrés, une table, des lampadaires, une chaise longue en beau bois poli, un p'tit carré de sable pour les chats...

LOUISETTE. On a pas de chat !

NAPOLÉON. Comment t'appelles ça les deux Yannick que j'ai chez-nous ?

LOUISETTE. C'est quoi ça ?

NAPOLÉON. Un p'tit pouf en bois pour atteindre la corde à linge. Elle va-tu aimer ça ?

LOUISETTE. Qui ça ?

NAPOLÉON. Ta mère !

LOUISETTE. Vous deviez pas y faire une rallonge ?

NAPOLÉON. Avec son p'tit jeune, ta mère m'a coupé l'envie d'une rallonge. Elle va-tu aimer ça ?

LOUISETTE. Le p'tit pouf pour la corde à linge, j'le sais pas. C'est pas une grosse étendeuse de linge.

NAPOLÉON. Elle va ben laver ses draps à un moment donné. Elle va ben finir par en manquer. Elle porte rien que ça depuis qu'elle est arrivée.

LOUISETTE. Vous faites pas ça pour la séduire ?

NAPOLÉON. J'fais ça pour me faire pardonner. Tantôt quand j'suis parti, j'ai dû la mettre mal à l'aise. J'ai dû y faire d'la peine parce j'ai mal réagi quand j'ai reconnu mon p'tit « déclinquant » !

LOUISETTE. C'est quoi ça un « déclinquant » ?

NAPOLÉON. Une sorte de voyou ! J'y ai fait un peu de chantage émotif. Ça, du chantage émotif, ça vient rien qu'en un morceau, ça se monte ben rapidement, pas de vis, pas de clou mais c'est assez solide pour durer toute une vie. Le chantage émotif, c'était le passe-temps de ma défunte. Ça, pis la jalousie. Si elle voulait savoir quecque chose, elle prenait n'importe quel moyen pour arriver à ses fins. J'me rappelle qu'une journée chaude comme aujourd'hui, elle s'est habillée comme en hiver en faisant semblant qu'elle était malade.

LOUISETTE. Pourquoi ?

NAPOLÉON. Pour savoir si je la trompais avec la caissière de la quincaillerie.

LOUISETTE. Pis ?

NAPOLÉON. J'ai fini par y dire oui. Chaque fois que je disais non, elle risquait de s'évanouir. Elle avait trois gilets, un bonnet, des gants...

LOUISETTE, *jetant un œil sur le plan.* Là, c'est quoi ?

NAPOLÉON. Des belles « balancignes » !

LOUISETTE. Ça doit être une sorte de balançoires ?

NAPOLÉON. Tout ça, en beau bois traité au « kréozote », avec une teinture à patio. Un gallon de teinture, ça couvre environ cent dix pieds carrés, j'imagine qu'avec quatre gallons, non, cinq. Y'vendent des pintes aussi. Ça voudrait dire neuf pintes, mais ça dépend de la marque. Y'a d'la Sico, d'la C.I.L., d'la Golden Painting...

LOUISETTE. Monsieur Napoléon, c'est pour qui les balançoires, « balancignes » ?

NAPOLÉON. Pour les p'tits enfants de ta mère !

LOUISETTE. Elle en a pas.

NAPOLÉON. Louis va ben se mettre à l'ouvrage un jour !

LOUISETTE. À vot'place, j'attendrais un peu avant de couper un arbre pour ça.

NAPOLÉON. Pis toi, on a pas encore vu ton fiancé ?

LOUISETTE. J'en ai pas.

NAPOLÉON. Sais-tu, j'arrête pas de parler de ta mère mais... t'es belle en « tabarne » dans ton p'tit ensemble de plage !

LOUISETTE. Vous voudriez pas me huiler le dos ?

NAPOLÉON. « Tabarne » ! J'suis un peu énervé-là ! Quelles bouteilles que je prends ?

LOUISETTE. Sur les épaules vous mettez du « Presun 15 », en haut du dos, du « Tropical Blend », en bas du dos du « Bain de Soleil 8 », pis sur les jambes de la « Hawain Tropic 12 ».

NAPOLÉON. Tu viens de me calmer ! D'la 15, d'la 8, d'la 12... ? *(Napoléon, dos à Louisette, fait une seule mixture avec les crèmes.)* J't'ai faite une 35 ! Le temps que j'aurais mis à comprendre ta recette, t'aurais eu le temps d'attraper un coup de soleil. *(Il applique la crème.)*

LOUISETTE. Vous faites bien ça.

NAPOLÉON. J'me suis pratiqué sur mon camion tantôt. Je l'ai toute ciré, je l'ai frotté, j'y ai faite un beau ménage !

LOUISETTE. Vous me faites rire, monsieur Napoléon.

NAPOLÉON. Ben tant mieux !

LOUISETTE. Allez vous changer pis venez vous faire griller avec moi.

NAPOLÉON. J'suis pas un gros grilleux.

LOUISETTE. On dirait que je vous gêne ?

NAPOLÉON. Ben, tu sais, j'suis un grand séducteur avec les femmes, j'veux dire que je suis ben bon pour chanter la pomme mais pour c'qui est de la manger... J'fais ça parce que je m'ennuie un peu.

LOUISETTE. J'voulais pas vous mettre mal à l'aise. J'aimerais seulement qu'on devienne des copains.

NAPOLÉON. Une belle fille comme toi avec un bonhomme comme moi ?

LOUISETTE. Vous êtes pas un bonhomme !

NAPOLÉON. J'ai jamais eu de copine plus jeune que moi.

LOUISETTE. J'suis sûre qu'on a plein d'affaires à s'apprendre.

NAPOLÉON. On peut pas devenir des copains.

LOUISETTE. Pourquoi ?

NAPOLÉON. Que c'est que le monde va dire ?

LOUISETTE. Pas vous aussi ? Si y nous fallait nous comporter en fonction de ce que le monde ont à dire, on ferait pas grand'chose à part de faire attention.

NAPOLÉON. C'est vrai ça. Y'faudrait que j'écrive ça à quecque part.

LOUISETTE. C'qui est beau sua terre, c'est la différence.

NAPOLÉON. Mais c'est justement ça qui fait jaser.

LOUISETTE. Dites-vous que c'est parce que le monde aime ça jaser de ce qui est beau !

NAPOLÉON. Ça te tente pas de venir faire un tour dans un beau camion tout propre ? Avec ton copain ?

LOUISETTE. Oui... mais un peu plus tard, j'ai un autre cas à régler avec ce que le monde peut penser !

NAPOLÉON. Qui ça ?

LOUISETTE. Not'menteuse professionnelle !

NAPOLÉON. J'le commence quand son patio ?

LOUISETTE. Quand je vous l'dirai !

NAPOLÉON. À plus tard... ma copine.

LOUISETTE. À plus tard, mon copain.

NAPOLÉON. Ça m'fait drôle. J'vas aller dire aux p'tits vieux autour du lac que j'ai une copine plus jeune que moi. J'ai hâte de leux voir la face. J'suis assez fier !

QUATRIÈME PARTIE

Scène 1

Milieu de l'après-midi. Il fait très chaud. Louis, en shorts, écrit les cartes de remerciements. Gisèle, qui a maintenant les cheveux gris, porte un robe de plage. Elle lit.

LOUIS, *découvrant ce qu'il a écrit sur les cartes.* Cher Yannick... Cher Yannick... Cher Yannick...

GISÈLE. M'as-tu parlé, Louis ?

LOUIS. Non !

GISÈLE. Va me chercher un verre d'eau.

LOUIS. Oui !

Il ne bouge pas. Temps.

GISÈLE. Mon verre d'eau !

LOUIS. J'y vais !

Il ne bouge pas. Temps.

GISÈLE. Louis !

LOUIS. Vous l'avez pas déjà bu ?

GISÈLE. Tu me l'as jamais apporté.

LOUIS. Y'fait tellement chaud, j'ai l'impression d'avoir pris au fond. Vous êtes capable de lire par c'te chaleur-là ?

J'aurais de la misère à tourner une page ! C'est quoi que vous lisez ?

GISÈLE. « Vieillir ou mourir ».

LOUIS. C'est intéressant ?

GISÈLE, *refermant son livre.* Non, c'est déprimant !

LOUIS. Avez-vous vu Yannick depuis à matin ?

GISÈLE. Non ! Y'est parti !

LOUIS. Où ça ?

GISÈLE. Y's'est envolé !

LOUIS. Ah parce qu'en plus, y' vole ! Vous avez fini son traitement ?

GISÈLE. C'est un peu ça, oui !

LOUIS. Je le trouvais fin.

GISÈLE. Moi aussi.

LOUIS. Je le trouvais ben gentil.

GISÈLE. Moi aussi.

LOUIS. Je le trouvais avenant !

GISÈLE. Moi aussi. Bon, on en fera pas une dépression. Y'est parti ; y'est parti !

LOUIS. J'ai quecque chose à vous dire. Vous rirez pas de moi ?

GISÈLE. Si c'est drôle !

LOUIS. Je le dis pas.

GISÈLE. Vas-y, je rirai pas.

LOUIS. Vous vous souvenez du gars que j'ai amené ici au chalet ?

GISÈLE. Lequel ?

LOUIS. Y'a cinq ans de ça. Celui qui est venu avec sa blonde.

GISÈLE. Ah oui, le p'tit blond avec une moustache pis les culottes tellement serrées qu'y'avait toujours mal à' tête ?

LOUIS. Ben, c'était moi sa blonde.

GISÈLE. Louis, y' fait trop chaud pis les farces de ce genre-là ça me fait pas rire.

LOUIS. Je couchais avec lui !

GISÈLE. Ben, j'étais pas pour le laisser coucher avec la fille.

LOUIS. Je l'aimais !

GISÈLE. C'est normal d'aimer ses amis !

LOUIS. Je l'aimais d'amour !

GISÈLE. On aime toujours d'amour !

LOUIS. Je l'embrassais !

GISÈLE. Les Français aussi s'embrassent.

LOUIS. J'ai l'impression que si je continue à argumenter, ça va devenir vulgaire. Maman, je vais vous avouer le grand secret de ma vie.

GISÈLE. Par c'te chaleur-là ?

LOUIS. Je sais que ça va être dur à prendre, papa en est mort. C'est même un peu irresponsable ce que je vais faire. J'aime les hommes !

GISÈLE. Moi aussi. Tu irais pas me chercher un verre d'eau ?

LOUIS. C'est tout ce que vous trouvez à dire ?

GISÈLE. Avec d'la glace !

LOUIS. Maman, je suis homosexuel !

GISÈLE. Pis ? Ça t'empêche d'aller me chercher un verre d'eau ?

LOUIS. Je vous dis le grand secret de ma vie pis c'est tout ce que ça vous fait ?

GISÈLE. Secret ! Secret ! Tu m'prends pour qui ? J'suis ta mère, Louis !

LOUIS. Vous le saviez ?

GISÈLE. Une folle !

LOUIS. Vous êtes insultante !

GISÈLE. J'parlais de moi ! J'ai tellement ri la fois que le p'tit blond avec les culottes serrées qui avait toujours mal à' tête est venu avec sa supposée blonde. C'était mourant de vous voir faire attention.

LOUIS. Ça vous a pas choquée ?

GISÈLE. De vous voir vous servir d'une fille pour cacher vot'p'tit jeu, oui.

LOUIS. C'était pas une fille !

GISÈLE. La science fait des progrès.

LOUIS. Vous le saviez pis ça vous a jamais dérangé ?

GISÈLE. J'suis contente que tu me l'ayes enfin avoué, comme ça tu vas être moins coinçé. Viens m'embrasser ! *(Ils s'embrassent.)* Va me chercher de l'eau, je me déssèche à vue d'œil.

LOUIS. J'y vas ! *(Sur le seuil de la porte.)* Maman, j'pense que je suis tombé en amour...

GISÈLE. Avec qui, mon Louis ?

LOUIS. Avec Yannick ! C'est au boutte, hen ?

GISÈLE. Pas mal au boutte ! Va chercher mon verre d'eau, j'vas avoir une faiblesse.

On entend la sonnerie du téléphone à l'intérieur du chalet.

Scène 2

GISÈLE, *seule.* Je t'entends rire, Fred Cloutier.

VOIX-OFF DE LOUIS, *du chalet.* Ayoye !

VOIX-OFF DE LOUISETTE. Faut que je raccroche, ma tante... C'est ça... Louis s'est encore fait mal.

Scène 3

Louisette sort du chalet, habillée de la tête aux pieds. Elle porte, en plus, un gilet de laine et des verres fumés.

LOUISETTE. J'ai mis quecques bûches dans l'poêle à bois.

GISÈLE. Tu veux nous faire crever ?

LOUISETTE. Auriez-vous un gilet plus chaud ?

GISÈLE. Mais tu vas mourir !

LOUISETTE. Ça serait plus simple.

GISÈLE. Louisette ?

LOUISETTE. J'ai tellement froid.

GISÈLE. Es-tu malade, ma chouette ?

LOUISETTE. J'ai froid en dedans !

GISÈLE. Ben voyons !

LOUISETTE. Je suis malade d'amour, maman !

GISÈLE. T'es en amour ?

LOUISETTE. Entendez-vous les vagues du lac qui frappe sur la plage ?...

GISÈLE. Oui... mais je vois pas le rapport ?

LOUISETTE. Bang ! Bang ! Bang ! C'est le bruit de mon cœur qui se cogne à son indifférence.

GISÈLE. Attends un peu, là. T'es en amour avec qui ?

LOUISETTE. Y'me regarde mais y'me voit pas.

GISÈLE. Un aveugle ?

LOUISETTE. Tout est tellement sombre !

GISÈLE. Enlève tes verres fumés !

LOUISETTE. J'ai les yeux bouffis. J'ai tellement pleuré, tellement, tellement, tellement !

GISÈLE. Louisette, parle-moi comme du monde ! J'arrive plus à te suivre !

LOUISETTE. Y'faut que Yannick s'en aille !

GISÈLE. Tu veux dire que toi aussi... *(Appelant.)* Louis, laisse faire l'eau, apporte une bouteille de vin. *(Revenant à Louisette.)* Mais d'ordinaire, tu les préfères plus vieux !

LOUISETTE. J'ai laissé un enfant passer dans mon cœur.

GISÈLE. Ma pauv'enfant !

LOUISETTE. Le savoir tout seul, ça m'a troublée !

GISÈLE. Seul ?

LOUISETTE. Si j'savais que quelqu'un l'aime... Vous savez comme j'ai le cœur charitable ?

GISÈLE. Non !

LOUISETTE. Eh oui !

GISÈLE. Non.

LOUISETTE. Je suis charitable !

GISÈLE. T'as toujours été égoïste !

LOUISETTE, *allant vers le lac.* Adieu, je vais me noyer !

GISÈLE, *l'arrêtant.* Y'a quelqu'un dans la vie de Yannick.

LOUISETTE. Ah oui ? Qui ?

GISÈLE. Une femme... d'âge mûre !

LOUISETTE. Une p'tite vieille ?

GISÈLE. Cout'donc ! J'veux dire... pas si vieille que ça.

LOUISETTE. J'aimerais la rencontrer !

GISÈLE. C'est compliqué.

LOUISETTE. Elle se cache ?

GISÈLE. C'est ça que j'allais dire.

LOUISETTE. Elle veut pas que ça se sache pour elle pis lui ?

GISÈLE. Tu m'enlèves les mots de la bouche.

LOUISETTE. Pas à cause de son âge ?

GISÈLE. J'allais le dire.

LOUISETTE. 'Est ben cave !

GISÈLE. Louisette !

LOUISETTE. J'ai chaud !

GISÈLE. C'est une femme qui a été mariée longtemps, une femme qui croyait que l'amour c'était pour un bon bout de temps avec un seul homme. Un jour, elle a découvert que son mari avait une relation avec une autre femme. Avec le temps, elle s'est forgée une carapace. Quand son mari est mort, elle s'est promise de ne plus jamais retomber en amour.

LOUISETTE. Pis Yannick est arrivé dans sa vie quecques mois après la mort de son mari ?

GISÈLE. C'est ça.

LOUISETTE. Pis elle a peur que ses enfants le prennent mal ?

GISÈLE. C'est pas vraiment ça. Un homme de vingt ans, c'est frivole, c'est pas sérieux quand ça dit je t'aime.

LOUISETTE. Oùsque vous avez pris ça ?

GISÈLE. C'est la femme qui est en amour avec Yannick qui m'a dit ça. Elle pense que Yannick est sincère quand y' parle d'amour mais elle, elle a connu la vie pis elle sait que c'est éphémère. Les jeunes aiment trop facilement pis y' connaissent pas ça avoir mal d'amour... C'est pas pareil à mon âge.

LOUISETTE. Vous voulez dire à l'âge de la femme en question ?

GISÈLE. On a environ le même âge.

LOUISETTE. Mais c'te femme-là, est-ce qu'elle l'aime Yannick ?

GISÈLE. Beaucoup ! Elle l'aime beaucoup !

LOUISETTE. Elle doit être du genre à essayer de se rajeunir pour lui ?

GISÈLE. Pas vraiment !

LOUISETTE. Je l'imagine se coiffer de perruques, se mettre des masques de beauté...

GISÈLE. 'Est pas comme ça !

LOUISETTE. J'vois le genre de femme. Menteuse sur son âge pis sur le reste.

GISÈLE. Tu y vas fort, Louisette !

LOUISETTE. Pis c'te niaiseuse-là va gâcher les beaux instants de bonheur qui lui restent parce qu'elle a peur de se faire mal ?

GISÈLE. Un peu de respect... pour elle !

LOUISETTE. Pis c'est pour ça qu'elle veut pas « officialiser » sa relation avec lui ? C'est une coquette, c'est toute ! Elle fait c'te p'tit jeu-là juste pour le faire souffrir. Une femme qui est pas capable de prendre les p'tits instants de bonheur sans s'inventer des drames, sans se demander ce que le monde va dire, c'est une masochiste ! Elle est pas capable de voir que c'est une relation rêvée; la rencontre de la jeunesse pis de la sagesse. Y'faut que Yannick s'en sépare !

GISÈLE. Comment ?

LOUISETTE. Y'faut que Yannick l'oublie !

GISÈLE. Non, y'faut pas qu'y' m'oublie !

LOUISETTE. Pardon ?

GISÈLE. J'vas te dire quecque chose, mais tu me promets de pas rire.

LOUISETTE. Si c'est drôle !

GISÈLE. J'le dis pas.

LOUISETTE. Allez-y, je rirai pas.

GISÈLE. C'est moi la femme en question.

LOUISETTE, *espiègle.* J'le savais !

GISÈLE. C'est moi que tu viens de traiter de coquette ?

LOUISETTE. Ça fait des années que j'attendais ça.

GISÈLE. Te rends-tu compte que tu viens de mentir à ta mère ?

LOUISETTE. J'vous devais ben ça !

GISÈLE. Ça veut dire que ton frère est pas amoureux de lui, non plus ?

LOUISETTE. J'mettrais pas un dix sur ça. Mon dieu que j'ai chaud. Comment c'est avec Yannick ?

GISÈLE. C'est un peu gênant à raconter.

LOUISETTE. J'ai chaud !

GISÈLE, *amoureuse.* Ben avec lui, je redécouvre plein de choses que j'avais oubliées.

LOUISETTE. J'ai chaud !

GISÈLE. Un goût de folie, de liberté... des sensations féminines que je pensais mortes...

Scène 4

LOUIS. V'là le verre d'eau de madame ! *(Louisette prend l'eau au passage et la boit.)*

LOUISETTE, *faible.* Êtes-vous toujours là, maman ? Oh, le beau ballon !

LOUIS. C'est le soleil, Louisette.

LOUISETTE. J'pense que je vais m'évanouir.

GISÈLE. Vite, enlève ton linge.

Scène 5

Napoléon entre. Il porte un horrible bermuda.

NAPOLÉON. Madame Gisèle, y'se passe des affaires graves ici !

GISÈLE. Aidez-nous à y enlever son linge !

NAPOLÉON. Laissez-moi le haut, j'm'occupe du bas !

GISÈLE. Monsieur Napoléon !

NAPOLÉON. Ça va mieux là ?

LOUIS. Laissez-y un peu d'air.

LOUISETTE. Bonjour, mon beau Napoléon.

LOUIS. Non, ça va pas mieux !

NAPOLÉON. Bonjour, ma belle Louisette ! On est des copains, pas plus pis ce que vous pouvez penser, on s'en sacre, hein Louisette ?

LOUISETTE. J'en fumerais une.

NAPOLÉON. J'suis venu voir si vot'voyou est ici ?

GISÈLE et LOUIS. Y'est parti !

GISÈLE. Pis c'est pas un voyou !

NAPOLÉON. Ben vot'« déclinquant », y'est parti avec mon camion ! Un beau General Motor '64. Si y'me revient avec une grafigne, une p'tite bosse, un p'tit morceau de peinture décollée, j'y fais la même chose.

Scène 6

YANNICK, *revenant les bras chargés.* Calmez-vous, monsieur Bonneau. Allez voir dans vot'cour, y'est là vot'camion. V'là vos clefs. *(À Louisette.)* V'là tes cigarettes !

LOUISETTE. Merci de ta discrétion ! *(Elle s'allume.)* J'vous promets d'arrêter l'été prochain.

LOUIS. Compte plus sur moi ! Je regarde votre bermuda, monsieur Napoléon ; on a pas déjà eu un pique-nique sur c'te nappe-là ?

LOUISETTE. Y'est beau son bermuda.

LOUIS. Ben voyons !

LOUISETTE. C'est différent pis ça fait jaser !

YANNICK, *remettant des fleurs à Gisèle.* Pour me faire pardonner.

GISÈLE. T'as rien à te faire pardonner !

NAPOLÉON. Allez-vous y donner des félicitations en plus ?

YANNICK. T'es tellement belle avec tes cheveux gris ! Belle comme le premier jour où je t'ai vue.

LOUISETTE. Maman, vous avez pas quecque chose à nous dire ?

GISÈLE. Promettez-moi de pas rire.

TOUS. Si c'est drôle !

GISÈLE. J'le dis pas.

TOUS. On rira pas. Allez-y !

GISÈLE. Yannick et moi... Moi et Yannick... on est... on est en amour depuis deux mois.

LOUISETTE. C'était pas si dur ?

LOUIS. Parle pour toi, Louisette ! Vous rendez-vous compte de son âge ?

GISÈLE. Qu'est-ce qu'y'a mon âge ? Ton père avait vingt ans aussi quand je l'ai connu. Je t'aime !

NAPOLÉON. Tabarne !

YANNICK. Encore une fois !

NAPOLÉON. Tabarne !

GISÈLE. J't'aime !

YANNICK. Moi aussi, j't'aime ! Ma belle pitoune sucrée !

GISÈLE. Mon beau minou !

YANNICK. Ma belle crotte !

LOUIS. C'est ça, amusez-vous ! Pis moi ?

Yannick prend une fleur du bouquet de Gisèle et la donne à Louis.

YANNICK. Excuse-moi pour cette nuit. *(Il l'embrasse.)* C'est le premier pis le dernier.

NAPOLÉON. Tabarne !

On entend un klaxon de camion.

YANNICK. J'allais oublier quelqu'un. Aurais-tu cinquante piastres ?

GISÈLE. Pourquoi faire ?

YANNICK. Pour payer le gars de la remorqueuse.

GISÈLE. Quelle remorqueuse ?

YANNICK. J'ai raté une courbe avec le camion de Napoléon.

NAPOLÉON. Cout'donc, un volant, ça te dit quecque chose ?

YANNICK. Si vous vous achetiez des véhicules qui ont de l'allure aussi. On peut même plus se fier sur c'qu'on vole !

NAPOLÉON. Veux-tu finir dans un sac à balayeuse toi ?

LOUIS. J'm'occupe de la remorqueuse !

Louis sort.

LOUISETTE. Y'nous reste une chose importante à faire !

NAPOLÉON. J'te suis, Louisette !

Napoléon et Louisette entrent dans le chalet.

Scène 7

GISÈLE. C'est pas un programme de réhabilitation dont t'avais besoin, c'est d'un cours de conduite ! 'Sont belles tes fleurs ! Les as-tu payées ?

YANNICK. Ben voyons ! Je le sais que t'as peur que je partes quand j'vas te trouver trop vieille mais oublie pas que moi aussi j'vais vieillir. Vieillir, c'est la seule affaire d'égale qu'y'a pour tout le monde sur la terre.

GISÈLE. J'te promets de plus mentir !

YANNICK. Moi aussi !

GISÈLE. Tu m'a jamais menti ?

YANNICK. Les fleurs, j'les ai pas payées !

GISÈLE. Y'a des choses qui vont changer !

Scène 8

Louisette et Napoléon sortent du chalet avec l'urne funéraire. Louis revient.

GISÈLE. On était bien là, on commençait à être heureux, mais non... Fred Cloutier, tu vas me payer ça !

YANNICK. C'est quoi ?

GISÈLE. C'est mon mari ! Y'm'a trompé pis tu vois comment c'qu'y'a fini ! Tu viendras pas dire que je t'ai pas averti.

LOUISETTE. Pour se calmer, à soir, on va commencer à construire le nouveau patio. Napoléon a fait un très beau plan.

NAPOLÉON. Pis Yannick, j'te dis que tu vas en planter des clous, compte sus moi !

GISÈLE. Comme vacances d'amoureux, c'est réussi !

LOUISETTE. Louis, arrête de sourire. Depuis que t'es revenu de payer la remorqueuse, t'as l'air imbécile !

LOUIS. J'peux pas vous aider à soir pour le patio ! J'ai un rendez-vous ! Une leçon de remorquage !

NAPOLÉON. Tabarne !

LOUISETTE. Faudrait s'occuper de papa !

NAPOLÉON. On va prendre ma chaloupe ; une belle quatorze pieds en aluminium, une « Atlaqua », un moteur de quarante forces, une hélice en acier trempé. J'suis sûr que ça vous intéresse de savoir comment ça dépense de gaz ?

TOUS. Non !

YANNICK. Voulez-vous que je la conduise ?

TOUS. Non !

YANNICK. C'était pour détendre l'atmosphère !

LOUISETTE. Grouillez-vous, les sangsues attendent !

GISÈLE. Pauv'sangsues !

mai 1991

FIN

Table

- le symbolisme
- le drame

Achevé d'imprimer chez
MARC VEILLEUX IMPRIMEUR INC.,
à Boucherville,
en août 2000